JN075260

中央法規

はじめに

2015年に発行した『障がい者ケアマネジメントの基本── 差がつく相談支援専門員の仕事33のルール』から７年。私たち３人（東 美奈子、大久保 薫、島村 聡）は、どのような続編を書けばいいのか、それぞれが思い起こしては再び多忙な毎日にかき消され……、といったことを長らくくり返していました。

この間に相談支援専門員を取り巻く環境も大きく変わり、初任者研修・現任研修に現場実習が盛り込まれ、基幹相談支援センターや主任相談支援専門員といった難しそうなポジションが創設されました。相談支援は「地域を基盤としたソーシャルワーク」といわれるように、幅広い対応も求められるなど相談支援専門員に対する期待は高まる一方です。

しかし、現場では相変わらず多くのサービス等利用計画・障害児支援利用計画の作成に追われ、対応が難しい事案に多くの時間を割かなければなりません。目の前の利用者にしっかりと向き合っていたいけれど、それができずに焦る相談支援専門員、学びを深められないまま現場を去る相談支援専門員の姿も多く見てきました。

「今、何が必要なのだろうか」と考えたとき、個々の相談支援専門員が求めている知識や技術、そして心構えは７年間、いや、もしかすると障がい者の相談支援が始まった当時とたいして変わっていないのではないかと思えてきました。あらためて、私たち３人が共通して大切にしてきたことを、今相談支援専門員

として実践している多くの方にお伝えすることでお役に立てるのではないかと考えたのです。

それが、2002年に公表された「障害者ケアガイドライン」(厚生労働省) です。聞き慣れない方がいるのも無理はありません。なにせ20年以上前につくられたものなのです。私はその検討にほんの少しかかわりましたが、そのなかの「障害者ケアマネジメント従事者に求められる資質」にある７つ資質の意義を、今こそ相談支援専門員の方々にお伝えしなければならないと強く感じました。

その思いを実現するために、私たちは、自分が経験した事例を用いて、相談支援専門員の支援場面での心のつぶやきを言語化し、７つのスキルのうちどのスキルを意識して支援しているのかをわかりやすく伝える本をつくろうと考えたのです。大久保さんや東さんもこれらを体現してきたベテランですから、本書のコンセプトに最も相応しい事例を寄せてくれました。

３人で力を合わせた久々の作品を、多くの相談支援者に楽しんでもらえると幸いです。

2022年７月

著者を代表して　島村 聡

本書の使い方

本書の Part 1 には「障害者ケアガイドライン」に示された障害者ケアマネジメント従事者（相談支援専門員）に求められる7つの資質を表している9つの事例が掲載されています。

7つの資質は以下のとおりです。本書では、「資質」を「スキル」に読み替えています。詳しくは巻末の資料をご覧ください。

① 信頼関係を形成する力
② 専門的面接技術
③ ニーズを探し出すアセスメント力
④ サービスの知識や体験的理解力
⑤ 社会資源の改善及び開発に取り組む姿勢
⑥ 支援ネットワークの形成力
⑦ チームアプローチを展開する力

どの事例がどのスキルと結びついているかは、 Part 2 でわかるつくりになっていますので、それは読んだ後のお楽しみにしてください。

Part 1
実践が見える相談支援専門員の仕事

各々の事例には、冒頭に事例の意図、次いで名前と年齢、障害種別等、家族構成等、生活歴、これまでの経過が記されています。まずはそこで事例の大筋をつかんでください。

つづいて、支援の経過や相談支援専門員の対応ぶりが記されています。事例の経過は利用者の変化や局面に分けてつづっています。

支援のなかで相談支援専門員が気づきを得た行動や疑問に感じたできごとなどについては色文字で示し、該当部分に吹き出しを設け、相談支援専門員のつぶやきとしてまとめました。吹き出し内には、「ポイント○」というように番号が記されていますので、関連するポイント解説を読んでその時点の相談支援専門員の思考の動きにふれ、さらに理解を深めてください。

そして、各事例の末尾には「事例のあとがき（振り返って気づく課題と後悔）」を設定しました。実際に相談支援を担当してみての率直な反省が述べられています。

「自分だったらどう対応する（対応した）か」、ご自身の過去の実践を振り返りながらぜひ一緒にストーリーを読みすすめていただければと思います。

Part 2
相談支援専門員に大切な7つのスキルを磨く

1の「障害者ケアマネジメントことはじめ」では、障害者ケアガイドラインで示された7つの資質の解説と、本書の Part 1 「実践が見える相談支援専門員の仕事」の９つの事例との関連づけについて説明していますので、まずお読みください。

以降は、７つのスキルごとに解説を行っています。「障害者ケアガイドライン」が発表された2002（平成14）年当時とは、制度や社会環境が大きく変わっていますので、それを加味して新たな視点でケアガイドラインの趣旨を読み解いています。

事例との対比では、 Part 1 のケース１～９で示された相談支援専門員の気づき（ポイント）をさらにガイドラインに引き寄せ、深めて説明しました。７つのスキルのうち主にどのスキルを発動させて支援に当たったかが、すぐにわかるように構成しています。 Part 1 にある各事例中のポイント解説と合わせて読むと、多角的な視点が得られるように工夫しています。

本書が、相談支援専門員としての日々の実践にお役立ていただけることを心から願っています。

注：本書で取り上げた事例はフィクションであり、筆者が過去に経験したものをもとに作成したもので、具体的な人物を特定するものではありません。

目次

はじめに …… 2　本書の使い方 …… 4

Part 1 実践が見える相談支援専門員の仕事

ケース1　本人のペースを大切に ひきこもりの人への支援 …… 8
ケース2　「障がい」をめぐる親と子どもたち …… 21
ケース3　意思表示をなかなか行わない人の意思決定支援 …… 34
ケース4　「おとな」という包囲網からの脱出 …… 42
ケース5　知的障がいのある人の介護保険へのゆるやかな移行 …… 56
ケース6　学校との連携の中心に本人を …… 64
ケース7　地域移行支援後の自分らしい暮らしを多職種で支える …… 80
ケース8　地域とのかかわりを大切にする …… 91
ケース9　空き店舗対策を使って地域での拠点づくり
—障がい者自身が街の資源に …… 99

Part 2 相談支援専門員に大切な7つのスキルを磨く ——障害者ケアガイドライン（2002）をもとに

1 障害者ケアマネジメントことはじめ …… 112
2 相談支援専門員に大切な7つのスキルとは …… 113
スキル❶ 信頼関係を形成する力 …… 115
スキル❷ 専門的面接技術 …… 119
スキル❸ ニーズを探し出すアセスメント力 …… 124
スキル❹ サービスの知識や体験的理解力 …… 129
スキル❺ 社会資源の改善及び開発に取り組む姿勢 …… 132
スキル❻ 支援ネットワークの形成力 …… 137
スキル❼ チームアプローチを展開する力 …… 141

資料：障害者ケアガイドライン …… 147

あとがき …… 158　著者略歴 …… 161

Part 1

実践が見える
相談支援専門員の仕事

ケース 1

本人のペースを大切に ひきこもりの人への支援

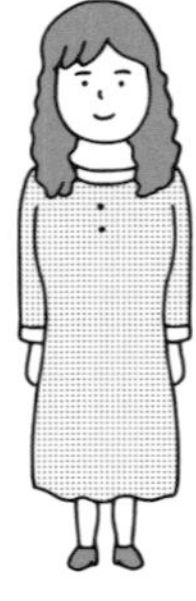

精神疾患の疑いありと言われてから20年以上未治療でのひきこもりの状態を家族が支えてきた事例です。両親の健康上の理由から行政の保健師を通じて相談支援専門員がかかわるようになりました。本人のペースに合わせてじっくりかかわりながら、精神科医療につながり、生活の幅が広がったケースです。今回は精神疾患がベースにありましたが、ひきこもっている人全員に精神疾患があるわけではないことに留意する必要があります。

名前と年齢 美月さん（女性、46歳）

障がい種別等 精神障がい

家族構成等 両親との３人暮らし。別居している妹がいる

生活歴 小・中・高校と地元の学校を卒業し就職。在学中は運動会や遠足などの行事は苦手で休みがちだったが、特に変わったこともなかった。事務系の仕事に就いてからも、職場の友人と一緒にドライブやショッピングに行くこともできていた。成人式を境に、突然外に出ることができなくなる。半年後に職場を退職。母親が職場に退職手続きに行って話を聞くと、職場の友人に「人につきまとわれている。誰かが自分をねらっている」など相談していたとのこと。それ以後、自宅でひきこもって過ごしている。

これまでの経過 美月さんがひきこもってからすぐに精神科を受診したが、本人が薬を吐き出す等の行動があり、治療にならないという理由で、受診は中止となる。以後、自宅で過ごすが、時により幻聴妄想活発となり、両親に対する暴言・暴力があったり、「死にたい」と２階から飛び降りようとしたりすることもあった。一方でとても落ち着いて家事手伝いができる時期もあったので、両親が自宅で美月さんの世話をしながら過ごしていた。その間何度か保健師による訪問もあったが、何の改善もなく時間だけが経過し、両親もあきらめぎみで10年以上が経過していた。両親の高齢化による体力の低下、病気による療養という家族の支援力の低下が起こってきた。「家族だけでは今後どうしたらよいのかわからない」ということで、保健師にSOSが発信された。関係機関と協議のうえで、相談支援専門員による訪問が開始となった。

支援の経過

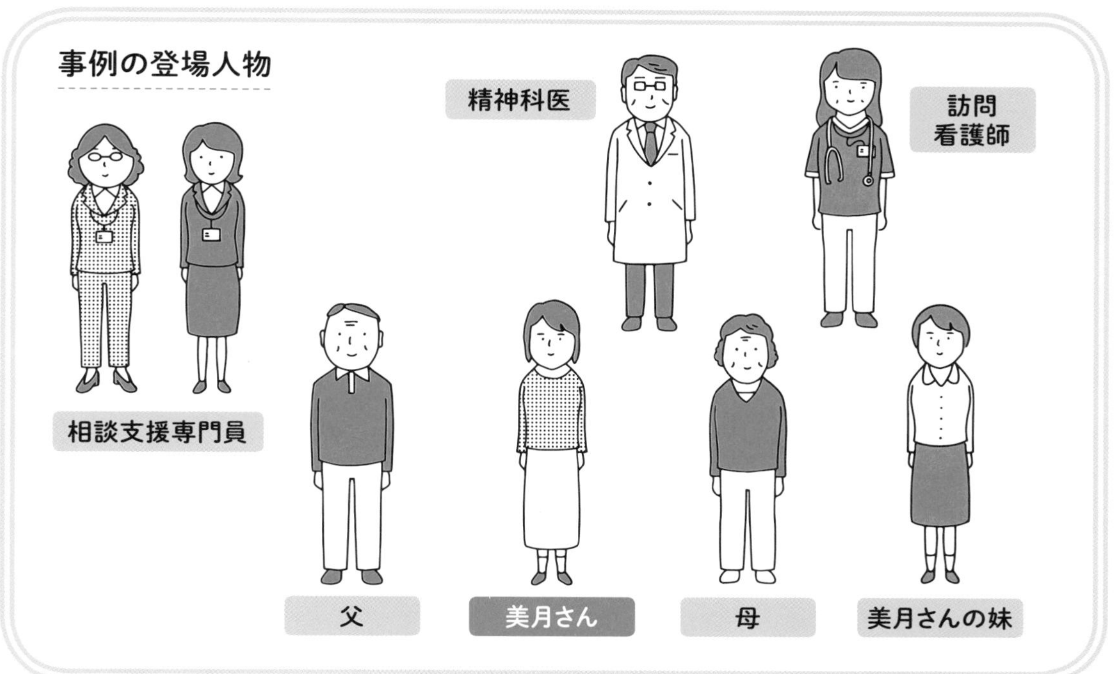

❶ 初回面接を行う

相談支援専門員は保健師とともに訪問し、家族から今までの経過を聞く時間をもった。母親は自分がしてきたことを淡々と語ってくれた。

訪問初日、美月さんは、掛け布団を頭からすっぽり掛けて寝ていた。相談支援専門員が「美月さん、こんにちは」と声をかけると、布団から顔を出した。頭にヘルメットをかぶり、眼だけがぎょろぎょろと動いている。

あいさつをすると、だまったまま返事もせず、じっと相談支援専門員を見ていた。再度挨拶をして自己紹介をすると、小さな声で「こんにちは」と答えた。「美月さんとお話がしたいので、来週もうかがっていいですか？」と聞くと、美月さんはうなずいた。

初回訪問は5分ほどで終わらせ、次回訪問の約束をして帰った。突然訪問者が来た状況だったので、刺激を受けたのではないかと心配したが、美月さんの生活状況は変わらなかったようである。

> 美月さんがヘルメットをかぶっている理由は何だろう？（ポイント①）

> ずいぶん調子が悪そうだけど……。どこから介入しようか（ポイント②）

> 受け入れてもらえたのかな。少しずつ距離を縮めていこう

ポイント1 本人を脅かさないこと

ひきこもりの事例では、まず外から来た人が、自分の生活環境や生活空間を脅（おびや）かさない存在であると感じてもらうことが大切です。本人に根掘り葉掘り話を聞くことや、部屋の様子をジロジロ見まわすようなことも避けるべきです。部屋の中に本人の大切にしているようなものが目に入ったらそれをほめることも第一印象をよくするためには必要なスキルです。そして、本人の状態を観察し、時間をかけて「なぜだろう？　なぜこのような状況になったのだろう？」と考えられる原因の予測を立てること、その予測に沿ってアセスメントを深めていくことが大切です。本人の語ることは否定せず、本人の話にしっかり耳を傾けることが重要です。その他に、本人にとって負担にならないよう短時間で切り上げることも必要なポイントです。

切り上げるコツは、「この人なら、また会ってもよいかな」とか、「この人にまた会いたいな」と感じてもらえるような雰囲気をつくりつつ切り上げることです。「次はこんな話をしましょうね」と伝えたりして、必ず次の約束をして帰ることも押さえておきたい勘所です。

ポイント2 医療等も含めて本人に必要な支援を組み立てる

ひきこもりのケースでは、本人を取り巻く状況をふまえてどのような支援が必要なのかをアセスメントすることが重要です。

長らくひきこもりの状態にある場合、今起こっている状況の原因や誘因が何かを観察し、必要な支援を組み立てることが重要になります。ここで最もしてはならないことは、焦って医療機関につなごうと思うことで、現状に至るまでの経緯についてしっかり聴いていかなければなりません。そのうえで専門的なアセスメントの必要性を感じたら、同行訪問や受診等を組み入れるべきなのですが、その導入も焦りは禁物です。最初に介入した相談支援専門員が時間をかけて信頼関係を構築しながら、本人の負担にならないように次のステップに進むタイミングを計ることを何より優先しましょう。

また、本人は返事をしなくても相談支援専門員が話している内容は理解ができているので、肯定的にかかわることはもちろん、「相手はきちんと理解ができる人」としてかかわっていくことは大切です。人とかかわるときの基本・礼儀である「あいさつからスタートする」など、人と人のコミュニケーションの取り方を自然に行うことが重要です。

❷ 関係を構築する——一緒に外出できるまで

初回訪問から1週間後、再び訪問した。美月さんは前回と同じように布団を被って寝ていた。声を掛けると、ムクっと起きだし布団の上に座った。気温が高く暑かったにもかかわらず、長袖の服を3枚重ね着し、長ズボンをはいていた。「暑くないですか？」と尋ねると、「はい」と答えた。相談支援専門員の質問には小声で答えるが、なかなか会話にはならない。5分くらい経過すると、突然横になり布団を被ってしまった。訪問を1週間に一度、2か月程度続けた。時間の経過とともに、**美月さんが座って会話をする時間は増えていったものの、内容は支離滅裂で話題が深まることはなかった。**

美月さんには、絶対に精神科医療が必要だ。どうしたら受診につなげられるだろう
（ポイント③）

現実的な話がしたいと思った相談支援専門員は、美月さんに車でのドライブを提案した。「嫌だったらすぐに帰ることができる」という約束をしたことで、美月さんはしぶしぶ了解した。ドライブ中もヘルメットを被ったままだった。美月さんが通った小学校の近くを通ったが、興味深く外を見ることもなく、声かけにも黙ったままで、緊張していることがうかがえた。翌週ドライブについて感想を聞くと「よかった」とだけ答えた。週1回程度のドライブを続けていくと、少しずつ外の景色を見るようになっていった。このタイミングで、支援者を1人増やしたいと思い、相談支援専門員は、もう1人相談支援専門員を連れてきてもいいかと提案した。そうすると、**美月さんは「お友達？」と聞いてきたので、「とっても仲のいいお友達だから連れてくるね」と伝えた。**徐々に美月さんは相談支援専門員に慣れていった。しかし、内容は妄想的な発言が多く、支離滅裂な会話も多かった。2人めの相談支援専門員を紹介するときには、「私の仲のいい友達よ。ゆっくり話を聴くことが得意な人よ」と紹介した。

「友達」という言葉に反応しているのは、本人にとって、大切なキーワードなのかも……
（ポイント④）

ポイント③ 本人との関係づくりのなかで、本人が使う言葉を用いる

本人中心支援（誰と何をしたいかは本人が決める）なかで、本人が使う言葉を用いることは重要です。なぜかというと本人が使う言葉には、本人なりに大切にしていることや思いが含まれているからです。特に言葉の少ない人が発する言葉がもつ意味は大きいと感じます。美月さんの安心するワードは「友達」という言葉でした。友達という言葉に、紹介したい人のPR要素を加えて説明することにより、会うことを楽しみにできる状況・場面がつくれることになります。このことは、その後の関係づくりにも影響を与え、本人にとってどのように役に立つのかを伝えることがポイントになります。

ポイント④ なじみの関係ができてから、信頼できる人のつながりで人を紹介する

ひきこもっていて、対人関係に緊張度の高い人に、一度に多くの人とのかかわりをもってもらうことはストレスになります。ストレスは病状悪化にもつながることが多いため、最初のかかわりから段階的にタイミングを見て、本人が必要としている役割をもつ人につなぐ工夫が重要です。まずは、自分を脅かさない、いやな存在ではないと相談支援専門員が本人に認知されることが大切です。そのうえで相談支援専門員は、相性をふまえて本人に合う人につなぐことが重要なポイントになります。本人のタイプを把握し、誰がこの人に合うだろうかを熟考したうえで、慎重につなぐことが大切です。

つなぐ際に、本人が病識や病感がなかったり、障がい自体を受容していなかったりする場合などでは、支援してくれる人を連れてくるという伝え方では、受け入れてもらえません。本人との対話のなかで、本人が困っていることが明確になったら、困っていることを助けてくれる人という紹介の仕方（「ゆっくり話を聴いてくれる人よ」など）がよいでしょう。また、本人が使う言葉を意識して紹介する（今回は本人が「その人は○○さんの友達?」と聞いたので、友達というフレーズを用いています）ことも本人が受け入れやすくなるポイントです。加えて、「私より、話を上手に聞いてくれる人よ」や、「私がとっても頼りにしている友達よ」というように、ポジティブな言葉を上乗せすることも重要です。

③ 精神科医療とつながる

訪問が3か月くらい続いたころ、相談支援専門員は「美月さん、いろいろな人の声が聞こえてきているようだから先生に相談してみない？」と切り出した。美月さんは「病院？」と聞いてきた。「私のお友達の病院の先生だから大丈夫よ。私も一緒に行くから。嫌だったらすぐに帰ろう」と提案した。美月さんはしばらく考えていたが、「行ってみようかな」と答えたので、すぐに相談支援専門員は受診同行をした。その結果、美月さんは精神科医療とつながった。最初はしぶしぶだったが内服もできるようになった。受診の帰りには少し遠回りをして季節を楽しんだ。精神科受診が始まって一番変わったことは、ずっとかぶっていたヘルメットがいらなくなったことである。

美月さんの大切なキーワードを使い、精神科受診をはたらきかけてみよう。美月さんのこころが動いたタイミングを逃してはいけない（ポイント⑤）

精神科受診が2か月くらい続いたころ、医師から精神科訪問看護の導入を提案された。相談支援専門員が月に2回程度訪問するより、訪問看護師が定期的に訪問することで本人の症状を観察して服薬管理ができる。さらに訪問看護師がコミュニケーションをとるほうが美月さんの生活の幅が広がる可能性があるし、今後起こりうる両親の支援力の低下を補うためにも訪問看護は必要であると判断され、訪問看護の導入が検討された。

ポイント⑤ 本人の特性を考えて、本人のタイミングで受診する

精神障がいを疑われる未治療の人の受診支援は、支援者との関係づくりができてから本人の意思に沿って行われるべきです。そのタイミングはさまざまなので、本人の意向に合った形がとれるほうがよいでしょう。そのためには医療機関の特徴や医師のキャラクター、看護師のキャラクターを知っておくことが役に立ちます。また、日頃の関係性のなかで、少しだけ無理を言っても対応してもらえる関係づくりが重要です。

今回のケースでは、本人の対人緊張が強いこと、待ち時間が過ごせないことを考慮し、あらかじめその情報を医療機関や医師に伝えておいて、受診日や受診時間・主治医を検討することができました。このことにより、本人も医療機関に対する嫌なイメージをもつことなく、継続受診につながります。最初に受けるイメージは大きいので、初回受診時には細心の気配りをすべきです。また、治療中断になりやすいケースでは、治療が継続できるように支えることや、訪問看護事業所等との連携も必要になります。

▶▶ ④ 訪問看護とつながる

訪問看護の導入が検討され、主治医と相談支援専門員は、本人にマッチする訪問看護ステーションや訪問看護師はどこの誰かということについて検討を始めた。ゆったりとしたペースでかかわってもらえることや柔軟性が高いこと、情報を端的にまとめて伝えてくれることなど、本人の特性を重視してもらえるように訪問看護ステーションに依頼する。訪問看護の初日には本人に安心感をもってもらえるように相談支援専門員が同行訪問する。訪問看護導入後は、１週間に１回というペースで定期的に訪問した。毎週かかわることで、本人と訪問看護師の関係性は徐々によくなっていった。

美月さんとのマッチングはとても重要。美月さんが再度人を拒否しないようにサービスの入り方にも工夫が必要になる
（ポイント⑥）

美月さんは訪問看護師に少しずつ慣れてきて、話もできるようになり、導入後は少しずつ活動性も高まっていった。訪問看護師は主治医と相談支援専門員に毎月の計画書や報告書を提出した。美月さんは少しずつ自分の希望を話すようになっていった。また、定期的に家に訪問することで、美月さんをとりまく家族の状況をアセスメントすることができると同時に、美月さんが家事を担える部分等を提案することができた。状況にも左右されたが、母親を助けたいという気持ちで家事もできるようになっていった。また、自分の好きな花を植えたりして気分転換も図れるようになった。

環境を整備するという目的で、生活環境・生活空間を整えること、家族支援もしながら美月さんのモチベーションをあげるためのかかわりをしてもらおう
（ポイント⑦）

ポイント⑥ 本人と支援者のマッチングをする

ひきこもっている人の支援では、本人の負担にならないように支援者を選ぶことが大切です。本人の特徴をとらえて、どのようなタイプの人が本人に合うかをアセスメントしながら検討する必要があるでしょう。また、かかわり方のコツについても支援者皆で共有し実践することが大切になります。ひきこもらざるをえなかった状況について把握できていること等も共有しましょう。本人と支援者のマッチングをするためには、支援機関の特性はもちろん、支援者の特性や特徴も知っておくことが大切です。日頃の関係性のなかから、お互いの得意なこと、苦手なことなど、特徴を知るための対話が不可欠です。

ポイント⑦ 家族支援も視野に入れる

直接支援をする人（訪問看護師やホームヘルパーなど）が、定期的に自宅に訪問していると、家族関係も含め、家庭の状況や家庭環境が見えてきます。そのような場合には、直接支援者からの情報を得て、相談支援専門員は、調整機能を発揮するべきです。もちろんモニタリング等の訪問時に把握できることもありますが、直接サービスを提供している人のほうが情報を多くもっていることがあるので、情報を提供してもらいながら、自分でも観察していくことに努めましょう。また、課題が見つかったときには、緊急性が高いか否かについてもアセスメントし、緊急性がある場合には早急に調整をする必要があります。

長い間家族が本人の支援をしてきた場合は、特に、家族だけで解決しようと家族が頑張りすぎる傾向が強くあります。相談支援専門員は、支援者に頼ってもよいことを家族に伝え続けることが大切であり、家族からのSOSについてはよく傾聴し、解決に向けての提案をしてみるべきです。家族支援は、家族の話をよく聴くことから始まることも忘れてはなりません。

⑤ 支援者を増やす

美月さんの応援団は、相談支援専門員２名と訪問看護師１名となって２年が経過した。この間、定期的に母親も含む５人で食事をするために外出したり、一緒に地元の観光スポットに出かけたり、季節の花を楽しんだりした。受診から１年半後、障害年金も受給した。美月さんの生活の幅は少しずつ広がっていった。こうなると支援者や家族は「もっとできることがあるはず」「あれもこれも……」と考え、支援者は今までの美月さんからもっと変われるはずと期待をもった。そのようなとき、相談支援専門員は、書類の住所欄に美月さんがいつも旧住所を書くことに気づいた。違和感を覚えた相談支援専門員は、あるとき「美月さんは何年くらい外に出なかったの？」と尋ねた。すると美月さんは「2年くらいかなぁ」と答えた。ひきこもってからすでに20年近く経過しているにもかかわらず、本人の気持ちのなかでは２年しかたっていない感覚であることに驚いた。相談支援専門員が「２年なのね……、じゃあ今何歳？」と聞くと美月さんは「26歳かなぁ」と答えた。少しつじつまは合わない部分はあるが、いずれにしても、美月さん自身が感じているひきこもりの時間はゆっくりと流れていたことになる。相談支援専門員は、「ゆっくりできることを増やしていかないといけないね。スピードが速いと怖いよね」と伝えると、美月さんは「そうだね。しんどくなるね」と答えた。このことを家族や訪問看護師と共有し、本人のペースで進めることを決意した。このころ、母親の体力低下が見られてきたので、ヘルパー導入を検討したらどうかという意見や、通院するのに移動支援サービスを使ってはどうかという提案はあったが、美月さんの発言から、いったんは今のメンバーで支援を継続することにした。

美月さんも母親もずっと外に出る機会がなかったから一緒に楽しんでもらおう！（ポイント⑦）

あれ？時間が止まってる？ そういえば、テレビも新聞も見てない。美月さんには新しい情報がないのかも

美月さんの時間の流れは私たちの時間の流れと違っている。今のスピードは混乱を招くかも。支援者が焦っている状態かもしれない……

あくまでも本人のペースで進めないと美月さんがおいてけぼりになってしまう（ポイント⑧）

ポイント⑧ 心も行動も本人の歩むペースに合わせる

相談支援専門員の多くは、利用者本人ができることや活動量が増えるとうれしくなり「もっと○○できるのでは?」「次はこれをすすめてみよう」等という気持ちになりがちです。ですが、実はそのようなときこそ落とし穴があり、本人にとってはいま精一杯頑張っている状況なので、本人に気持ちをしっかり聴きながら、本人のペースに合わせて取り組むことが大切です。相談支援専門員は「伴走者」として横に寄り添う、もしくは少し後ろから見守りながらついていく、くらいのペースのほうがうまくいく場合があります。また、本人の発する言葉の意味をしっかりととらえることが大切です。本人が発する言葉がどういう意味をもち、どのような気持ちを表しているのか、傾聴し確認することが重要です。

❻ 支援者間で役割を分担する

精神科医療とつながり、訪問看護の導入もでき、美月さんを支援する人が増えたことにより、美月さんが現実的に行動できたり発言したりすることも増えてきた。また、薬物療法により、美月さんの主症状であった幻聴や妄想は減っていった。症状の軽減は治療中断になりやすい。20年以上この症状と付き合ってきた美月さんにとってはなおさらだった。

訪問看護師は、美月さんの小さな言動の変化を観察しながら絶妙なタイミングで声をかけた。そして治療的にかかわった。幻聴や妄想への対処法・薬の必要性・副作用の有無などひとつずつ丁寧に説明した。また、家での生活状況について本人と一緒に確認しながら紙にまとめ、その紙を主治医に見せてほしいことを伝えて本人に託した。**相談支援専門員は、症状や服薬状況など訪問看護師から情報は得ていたが、受診同行した際にできていないことを主治医に伝えることはせず、美月さんが自ら主治医に話すことができるように見守ることに徹した。**

まだ少し不安はあるけれど、思い切って美月さんに任せてみよう
（ポイント⑨）

この時期、美月さんと相談支援専門員は、行政窓口や郵便局に手続きに一緒に行くことが日常であった。行く場所でなじみの関係になると、美月さんは担当者とのやりとりを自分ですることができるようになっていった。相談支援専門員の大きな役割は、同行支援をしながら美月さんが自分でできることを増やすことであった（後に自立生活援助でかかわることになる）。また、美月さんは裸になることが怖くて入浴ができなかったのでヘルパーの導入も視野にいれていたが、妹の協力を得るという形で実施された。美月さんの支援では、家族・相談支援専門員・訪問看護師がそれぞれの役割を担い、本人が混乱しないように努めた。

本人や家族ができることは任せて、必要に応じて支援を増やすことも視野に入れながら、役割分担をしよう（ポイント⑩）

ポイント⑨ 本人にとって嫌なことは言わない。喜びはみんなで分かち合う

本人にとって、苦手なことや嫌なことを支援者が口々に言うことは、本人にとってストレスそのものです。今回は本人があまりふれてほしくないと感じている薬や症状のことは訪問看護師が引き受けました。そのうえで情報を共有し、相談支援専門員が見守るという役割を担いました。また、訪問看護師も、薬のことを毎回話すのではなく、日頃は観察のみで、必要な場面で必要な支援をすることにしてもらいました。このことで、本人は、症状を隠すことなく表現できることにもつながっています。また、人によっては、症状を話すと薬が増える、入院しなくてはいけなくなると思っている人も多いので、安心して症状が出せ、症状があっても安心して地域で生活できることを保証することが大切です。逆に、うれしいことや喜びの共有は関係性を強めるのに有効です。小さなできごとを具体的に一緒に喜び、支援者が口々に声に出すことで、本人の自己肯定感も高まっていくのです。

ポイント⑩ 本人にとって必要な役割分担をする

たくさんの支援者がかかわるときには、だれが何をしてくれる人かを明確にしておく必要があります。それが、業務上の役割とは違っても、本人が望めば最初はその役割を担うことが必要になります。例えば、毎週訪問する訪問看護師に合ったタイミングで本人が郵便局に行きたいといえば、散歩もかねて一緒に郵便局に行くこともあるでしょうし、場所が変われば話す内容も変わってくることがあったり、環境の変化でできることが変わったりするので、その場面に応じた対応ができるかどうかも観察のポイントになります。ただ、時間の経過とともに、すべき人がその役割を担うべきであるので、本人と話をしながら徐々に役割を分けていく必要があります。

⑦ 美月さんの希望をかなえる

支援が始まって4年経った夏、美月さんの服装に変化が現れた。今までどんなに暑い夏でも長袖の重ね着に長いズボンだった美月さんが、半袖にキュロットパンツという服装に変わったのだ。そのころの美月さんは少しずつテレビを見るようになっており、自分の好きなアイドルが出演するドラマを選んで視聴することができるようになっていた。また、旅行番組やグルメ番組も見るようになっていた。相談支援専門員や訪問看護師が一緒ならでかけることもできたので、「いつか行きたい」と話していた大好きなテーマパークに行くことを提案してみた。すぐには返事ができない美月さんだったが、しばらくして「飛行機で行くの？　いくらくらいお金がいるの？」と相談支援専門員に尋ねた。

体調の不安はあるけれど、そろそろ本人の希望をかなえる提案をしてみよう（ポイント11）

相談支援専門員は、美月さんの目の前ですぐに携帯を使って調べた。美月さんは、これまでまったく興味を示さなかった携帯電話にこのことがきっかけで興味をもち、自分の携帯を購入することができた。そしてその後、美月さんは妹・相談支援専門員・訪問看護師と一緒に、念願だったテーマパークに行くことができた。旅行の工程や準備は相談支援専門員と本人が一緒にガイドブックを見ながら決めた。自分が決めて、実際に自分と妹の旅費をもち旅行にでかけられたことは、美月さんにとって大きな自信につながった。と同時に、1泊2日の旅はその後1か月間生活リズムが崩れる、幻聴・妄想が活発化するという状況も引き起こした。しかし、美月さんをはじめ美月さんをとりまく支援者にとって、貴重な体験でありステップアップにつながる効果的なできごとであった。

以後、美月さんの応援団は増え続けている。

ポイント11 本人の希望をかなえるかかわりを続ける

相談支援専門員は、本人が語る夢を信じて、ともに夢をかなえるために行動することが重要です。本人が遠い夢だと思っていたことが予想より早く実現すると、本人は次の夢に向かう勇気がもてます。夢の実現のためには具体的に何をすればよいのかを一緒に考え、行動に移すことが必要になります。

事例のあとがき（振り返って気づく課題と後悔）

- 長い間ひきこもっていた美月さんが、病気の症状も軽減し、現実的にいろいろなことができるようになったころ、支援者は「美月さんは自分でもっとできるのではないか？」「新しい人やサービスも入れて本人の世界を広げられるのではないか？」「そうすると、高齢期にある母親も体力的にも楽になるのではないか？」という期待が高まり、美月さんの気持ちをしっかりと確認しないまま、サービスの追加について考えていたことがありました。
- 相談支援専門員が「美月さん、何歳になったの？」と尋ねたら、美月さんが「26歳」と答えたことで、美月さんにとってひきこもっていた時間の経過はとてもゆっくりとしていて、現実とはマッチしていないことに気づきます。このことを共有し、再度美月さんにとって何が必要かについて考えることができたのです。
- 支援をしていて、状態がよくなったり、できることが増えたりすると、支援者のほうがうれしくなって、「もっとできるようになるのではないか」と期待が膨らみ、それが逆に支援者の焦りにつながることがあります。常に“本人の意思”を尊重していくことが重要だと再確認しました。

スキルに関する解説は、
p.115からです

ケース2

「障がい」をめぐる親と子どもたち

親子の関係は子どもが生まれてから当たり前に存在するのに一筋縄ではいかないものです。親と子、そこに「障がい」というファクターが介在するときの影響はどうでしょうか。親に障がいがあるとき、子どもに障がいがあるとき、どちらにも障がいがあるとき、そしてそれらの親と子どもの間に何らかの不具合があるとき、家族が少しでも笑顔でいられる時間を多くできるような適切な援助が求められます。また、忘れられがちなのが、障がいのある子どもの、障がいのない「きょうだい」たちです。彼らもまた大切な子ども時代を生きていることを忘れたくないと思います。

名前と年齢 ゆかりさん（33歳、専業主婦）、稔くん（5歳、保育園）

障がい種別等 ゆかりさん（注意欠如多動症（ADHD））、稔くん（ADHD）

家族構成等 会社員の夫（38歳）、ゆかりさん、稔くん、剛くん（3歳、保育園）の4人暮らし

生活歴 夫婦はゆかりさんの実家のあるA市で結婚。2人の子どもが生まれた後はX市で生活していたが、夫が会社を退社し友人と新しく起業したことに伴い3月中旬に車で3時間ほど離れたY市に引っ越してきた。ゆかりさんは中学生の頃にX市のクリニックでADHDの診断を受けていたが、福祉的な支援の利用はなかった。精神障害者保健福祉手帳は20歳頃に取得し、その頃から精神科クリニックに通院していた。稔くんは乳幼児健診で異常なしとされたが、ゆかりさんは友達とあまり遊びたがらない様子を心配していた。稔くんと剛くんは、ゆかりさんが手帳を所持していることから保育園を利用しており、引っ越してからも同様に利用できた。夫は仕事に忙しく夜遅く帰宅することが多い。ゆかりさんは以前から子育てに苦労してきたものの、引っ越す前はゆかりさんの実家の両親が助けてくれていた。ゆかりさんは夫に自分の障がいについて話したことはあるが、理解してもらえていないと感じていた。稔くんの障がいは引っ越した後に診断された。

これまでの経過 ゆかりさんは引っ越してきてからほどなく、障害者手帳の書き換えと子どもたちの保育園利用に関して役所を訪れた。その際に窓口で部屋の片付けなどで困っていることを相談した。実際、引っ越した後の家の中は片付かず、新しい土地でお店や病院などもわからず大変苦労していた。応対した保健師からはヘルパーの利用をすすめられ、さらに福祉サービスなどの相談に応じる相談支援事業所も紹介された。

支援の経過

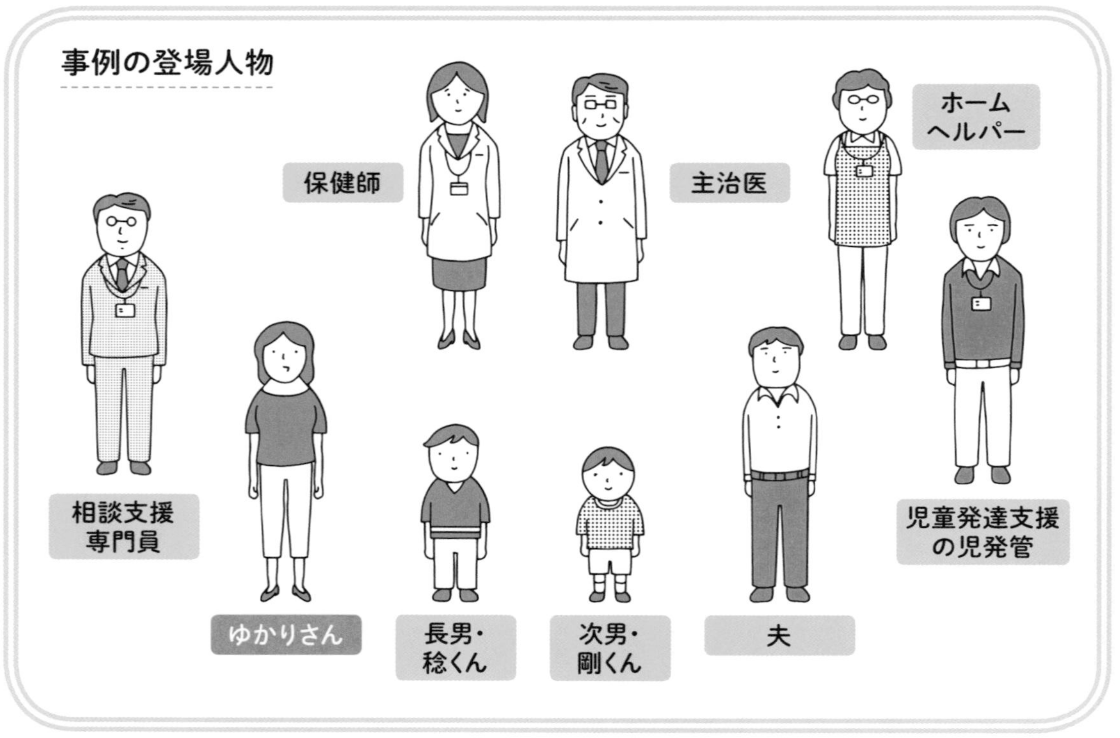

❶ 相談開始の準備

3月中旬、ゆかりさんと家族について保健師から連絡が入った。ゆかりさんの障がい（ADHD）のこと、夫や2人の子どもたちのこと、引っ越したばかりで大変そうなことなどの報告があり、「本人から連絡が入ると思うので対応してほしい」との依頼だった。その一週間後、ゆかりさんから相談支援事業所に連絡が入った。

> ゆかりさんの障がいから考えて、家事全般や2人の子どもの育児に困っているかもしれない（ポイント①）

「あの一、保健師さんから教えてもらったのですが……。ヘルパーさんとかってお願いできるのかなって……」。小声で少し自信のない話し方が印象に残った。事前に保健師から簡単に情報をもらっていることを告げ、今困っていることを確認した。ゆかりさんからは、引っ越してから一か月もたったのに部屋の中が片付かない、2人の子どもたちが通う保育園の準備がうまくできないなどの訴えがあった。自分たちはヘルパーではないこと、ヘルパーを利用できるような手続きやヘルパー事業所を探すなどの手伝いはできることを説明し、まずは家庭訪問をさせてもらうことになった。

> ゆかりさんが困っていることや希望から相談をはじめたい（ポイント②）

ポイント1 子どもたちも視野に入れておく

保健師からの情報は多くはなく最低限のものでした。しかし、そのなかでも推測できることはありますし、同時に疑問も湧き上がってきます。そもそも初めての土地で、ゆかりさんも含めてご家族みんながとまどうことは容易に想像できます。夫は友人と起業したとのことでしたので相当忙しいでしょうし、家のことや子どもたちの面倒は見られない可能性がありそうです。2人の男の子たちの年齢を考えると、自我がはっきりしてくる時期であり、いい意味でそれなりに手を焼きそうです。そのようななかで、ADHDという障がいがあるとされるゆかりさんは、どのように妻であり、母であり、そして自分自身でいるのでしょうか。いわゆる「家事」は一人暮らしでもそれなりに直面するものですが、「育児」は別物です。これに向き合うことは障がいの有無に関係なく、親は自分の頭、体、心のエネルギーを相当つかうはずです。子どもたちが育ってきた数年間、どのように育児に向き合ってきたのでしょう。相談者の家庭にお子さんがいる場合、最初から子どもに関することも視野に入れておくことが必要でしょう。

ポイント2 本人の言葉を大切にする

今回の場合、ゆかりさんから直接相談支援事業所に電話がありましたが、それは保健師の促しがあった結果でした。そして、ヘルパーの利用も、ゆかりさんからの発案というよりも保健師からの提案でした。ポイント1のとおり、あらかじめいろいろと推測して準備しておくことは重要ですが、それに加えて重要なことは目の前の本人から相談を展開していくことです。具体的には、保健師さんからの提案であろうヘルパー利用も頭に置きつつ、子どもたちのことも含め、ゆかりさん本人の口から本人の言葉で、困っていること、希望、手伝ってほしいことを話してもらうことです。そのことを通してあらかじめ立てた推測が検証されるでしょうし、場合によっては自分の推測がとんだ“お門違い”ということもありえます。まずは、目の前の本人の言葉を大切にする姿勢が重要です。

▸▸ ② 初めての家庭訪問

4月初旬、子どもたちが保育園に行っている午前中、お宅に訪問した。広めのリビングに通されたが、床には子どもが食べたであろう菓子パンやお菓子の空き袋などが散乱しており、食卓の上も食後の皿や調味料、書類等で一杯になっていた。この段階で、ゆかりさん（もしくは、その他の家族）は、物の片付けが苦手なことが想像できた。こちらの自己紹介や相談支援事業所の役割などを説明した後、ゆかりさんから話をうかがった。

今困っていることを尋ねると、部屋の片付けや整理について「床が見えるようにしたいなって」と思っており、**手伝ってもらいながら少しずつ自分でできるようになりたい**とのことだった。また、保育園に関する対応にも困っている様子で、「保育園からのおたよりがどこにあるかわからなくなっちゃうんです」「持っていくものがわからなくて子どもに叱られたりします」「保育園のママ友の会話に入れなくて、ママ友をじっと観察しているんです」とも話していた。

自分でもなんとかしたいと思っていることはよかった（ポイント③）

子どもたちのことを少し詳しく尋ねると、**長男の稔くんは「家で落ち着きがないし、保育園の友だちとうまく遊べないみたい」で心配していること、次男もゆかりさんから離れたがらず困っている**とのことだった。引っ越し後に発達障がいに詳しいクリックに通院するようになったが、まだ主治医には子どものことは相談していないとのことだった。

子どもたちに関することで結構困っている（ポイント④）

引っ越す前の生活の様子や夫のことを尋ねると、以前は、ゆかりさんの両親が家に来て部屋の片付けを手伝ってくれたり、子どもたちの食事の世話や遊び相手などをしてくれていた。また、時々兄弟２人でゆかりさんの実家に泊まることもあり、「その日はホッとしてゆっくり休めました」とのことだった。

夫は引っ越す前も今も仕事でほとんど家にはおらず、子どもとのかかわりは週末くらいとのことだった。結婚した当初、夫に自分の障がいについて話したことはあるが、「頑張ればなんとかなる」と言われ、夫の両親も障がいに対しては否定的な発言があり、自分の両親以外からは理解してもらえていないと感じていると、つらい表情を見せた。

この日は、クリニックと連携をとる了承を得て、ホームヘルプサービスの利用申請を進めることを決めた。また、家事のこと以外で子どもたちの保育園に関することや育児についても一緒に考えていくこと、そのために次回は子どもたちがいる時間に家庭訪問させてもらうこと、困りごとの解決に手を貸してくれそうな発達障がい支援の専門機関も活用してみることを話し合った。相談支援事業所との契約を済ませ、退席した。

ポイント③ 自身の障がいとの向き合い方

ゆかりさんによると、中学校のときに学級担任のすすめでクリニックを受診し、ADHDと診断されたときには自分でも「なるほどそうか」と納得し、それからは主に母親の協力を得ながら学校生活を送ってきたそうです。そして、その後の社会人生活、結婚生活、育児にも両親の協力があったようですが、このたびの引っ越しは、その両親の協力体制の損失を意味していました。また、ゆかりさんの言う「床が見えるように」自分でもしていきたいという思いに応えていくためには、単に「誰かが片付ける」だけではなく、ゆかりさん本人ができるような工夫が必要になります。ここには、発達障がい等の専門的な視点が欠かせません。これは、ゆかりさんが困っている保育園の生活への対応や育児の工夫や改善にも必要になってくると思われます。

ポイント④ 子どもたちにも焦点を当てよう

印刷物の整理やママ友との関係づくりだけではなく、ゆかりさんの障がいによって子どもたちの育児にはいろいろな影響がありそうです。また、ゆかりさんの話からは稔くんのことも気がかりです。さらに、ゆかりさんは「子どもたち」とひとくくりにして話していましたが、弟の剛くんはどんな様子なのか。場合によっては、稔くんのこと、剛くんのことを分けて考える必要もあるかもしれません。初回はあえて子どもたちがいない時間をねらって訪問しましたが、次は子どもたちがいる時間に訪問して、直接子どもたちの様子を確認したり、子どもたちが通う保育園から情報をもらうことも必要でしょう。親に障がいがあり子育てに難しさがある場合、子どもにもきちんと焦点を当てることが大切です。

❸ 子どもたちとの初対面

二度めの家庭訪問は、子どもたちが帰宅した頃を見計らって実施した。これ以降、ゆかりさんとの面談は、必要に応じて子どもたちを交えたり交えなかったりと工夫していった。

子どもも大事、
おとなも大事
（ポイント⑤）

初めて子どもたちに会ったときは、2人ともとてもはしゃいで落ち着きのない状態で、ゆかりさんと十分に話ができないほどだった。弟の剛くんは少しの間ゆかりさんの背中に隠れていたが、長男の稔くんは初めて会う相談支援専門員にも物怖じせず自分の興味のある虫についてこちらにお構いなしに話しかけてきた。稔くんはお菓子を見つけては次々と頬張り、その空き袋を所構わず捨ててしまい、剛くんも兄に右へならえとする行動が見られた。剛くんはふとしたときに指しゃぶりをしていた。

初めての面談であったが、兄弟ともに発達に気になるところがあった。ゆかりさんも子どもたちのことで心配があるようなので、通院しているクリニックで子どもたちも受診してはどうかと提案した。ゆかりさんは自分の障がいについて夫の理解が得られておらず困っているので、そのことも相談してみたいとのことだった。この面談のなかで、従来から困っていることを整理して伝えることが苦手なことがわかり、受診前に一緒に主治医への相談内容を整理することと、相談支援専門員も次回の受診に同行することを約束した。

ポイント⑤ 面談の場面設定を工夫しよう

一般に子どもがいる家庭の訪問、面談には工夫が必要です。訪問や面談の主役によっては、時間を変えたり場所を変えたりします。特に、親に障がいがあったり子どもに障がいがあったりする場合には、訪問や面談の目的をはっきりさせたうえで、どのように設定するかを検討する必要があるでしょう。子どもの様子を把握する目的がある場合、必要に応じて保育士や心理スタッフ、リハスタッフなどに同行を求めることも必要でしょうし、来所してもらうときなどは絵本やおもちゃなど子どもが楽しく過ごせる環境設定が必要でしょう。また、子どもが同席しながら親とも話をしたいときは、子どもの遊び担当を配置しておくこともよいかもしれません。このように子どもも大切にできるような面談環境を用意することは、たとえ子ども自身には課題がないとしても、相談者であるおとな（親）との信頼関係形成の手助けになっていくはずです。

❹ ゆかりさんの思いと子どもたち

クリニックの受診に同行し、主治医にゆかりさんが困っていること、子どもたちの様子で心配なことを伝えたところ、2人の子どもたちも後日受診することになった。受診の結果、兄の稔くんはADHDと診断され、薬の処方や適切な養育環境が必要であること、弟の剛くんに障がいは見られないが親にかまってほしいなど欲求が満たされていない傾向があることが指摘された。これを受けて稔くんの児童発達支援事業の利用を提案し、稔くんは週に2回、保育園を少し早く切り上げて児童発達支援事業所に通うようになった。この時点で、稔くんについても相談支援事業所と契約を交わすことなったので、稔くんの生育歴や現在の様子を詳しくうかがい、同時に弟の剛くんについても同様に話をうかがった。

稔くんは、体重2900g、正常分娩で出生。初めての子どもでわからないことが多く不安だったが、ゆかりさんの両親がそばにいてくれて助けてもらった。稔くんの赤ちゃんの頃は気になることはなく、1歳6か月児健診、3歳児健診とも特に問題ないとされてきた。保育園は2歳頃から利用しているが、4歳頃から保育園でお友だちからいじめられたり、保育士さんからも「お友だちと遊べない」と指摘されていたりしたとのことだった。剛くんは3100gで生まれ、稔くん同様、ゆかりさんの両親が赤ちゃんの頃からかかわってくれた。1歳6か月児健診、3歳児健診とも特に問題ないとされてきたが、ゆかりさんは剛くんがゆかりさんから離れたがらないこと、最近は時折夜泣きがひどく寝付かないことがあり困っているとのことだった。

稔くんの障害児支援利用計画を作成するなかで、稔くんについてゆかりさんが期待していることを聞くことができた。「そんなにたくさんは望んでいませんけれど……」と前置きしたうえで、お友だちと仲良く遊べるようになってほしい、嫌なことは「イヤ」と言えるようになってほしい、来年は小学校に行くので心配はつきないが、とにかく自分自身を嫌いにならないで明るく生きていってほしい、剛くんにも子どもらしくのびのびと育ってほしいと話してくれた。

話を聞くなかで、ゆかりさんの子どもたちへの思いは、子ども時代から現在までの自分と重なっていることがわかってきた。稔くんの診断結果や剛くんに関する主治医の見立ては、ゆかりさんに強いショックを与えた。多くは語ってくれなかったが、特に兄の稔くんに対しては「自分のようなつらさを味わってほしくない」と涙ぐみながら気持ちを話した。

ゆかりさんの内面が垣間見えたような……。ここを理解して支えなくては（ポイント⑥）

ポイント⑥ 母として、自分として

おそらく小さい頃から友だち関係や学校生活で苦労が続いてきただろうゆかりさん。中学校時代にADHDの診断を受け、少し自分の謎が解けたのでしょうが、それですぐに周囲との関係が変わるわけではなく、つらい出来事がいくつもあったと想像できます。そして、自分自身、子育てや家事がうまくできないと自覚しているなかで、わが子に自分と同じ診断が出たことはとてもつらい事実だったと思います。しかし同時に、このようなゆかりさんのわが子への思いは、子どもたちを大切だと思っているからこそであり、たまたまゆかりさん一家にかかわることになった自分たちは、母としてのゆかりさん、１人の人間としてのゆかりさんをしっかり支えていこう、と決意させられた面談場面でした。

▸▸⑤ ヘルパーや専門機関の協力と家族支援

ゆかりさんは、以前から天気が悪かったり気温が高かったりすると体調が悪くなり寝込んでしまうことがあるとのことだった。引っ越し後も子どもたち2人を保育園へ送り出した後はすっかり疲れてしまい自室で寝込んでしまうようで、昼間は家事も思うようにできないことが多い日々を送っていた。

ヘルパー利用は子どもたちへの支援と同時並行で進めていった。初めてのヘルパー利用だったので、まず週に1回、2時間ヘルパーに入ってもらうことにした。片付けなどを自分でもできるようになりたいという希望があったので、家事援助のほか、一緒に片付けなどをするために共同実践として**身体介護の支給決定を受けた。**また、例えばゴミを分別したり書類を分類したりして整理するなどのために、ゴミ箱や書類棚等を視覚的にわかりやすく配置する工夫が必要と判断し、市の事業である療育支援事業の利用もはじめた。療育支援事業では、ゆかりさんと話し合い、ゴミ箱や棚等を一緒に買いに出かけたうえで、それらにラベルを貼り子どもたちにもわかりやすいように工夫した。ヘルパーにもこれらを伝達し、ゆかりさんと一緒に整理していったほか、ヘルパーからも子どもたちにゴミ捨てや分別について一声かけてもらうなどしていった。

計画相談支援としてどうやってかかわっていこうか？
（ポイント⑦）

ゆかりさんの支援を開始してから1か月後、ゆかりさんと子どもたちのことを含めて事業所内で気になる点や今後の方向性について整理し、**ゆかりさん1人への支援ではなく、それを含めた家族の支援**として次のとおり取り組んでいくことを確認した。

ゆかりさんからの相談ではじまったけれど、家族全体を考えなくちゃ
（ポイント⑧）

1）兄弟ともに発達に気になるところがあり、クリニック及び2人が通う保育園と稔くんが利用し始めた児童発達支援事業所との連携が重要であること

2）ゆかりさんが困っている片付けや書類の整理、ママ友との関係づくり等は、ゆかりさん個人だけでなく子どもたちの養育環境と不可分であること

3）ゆかりさんは一般的な家事も大変そうだが、それに育児が加わるとさらに負担が大きくなるため、場合によっては子どもたちをどこかに預けるなどしてゆかりさんの休息を考える必要があるかもしれないこと

4）簡単ではないだろうが、ゆかりさんの夫の理解や協力が不可欠であること

5）時期を見て支援機関が集まって情報共有や支援方針を確認するための会議を開くこと

6）相談支援はゆかりさん担当の相談支援専門員と稔くんの障害児相談支援を含めた子どもたち担当の相談支援専門員とに分けて2人体制に変更すること

7）行政と話し合い、引っ越しに伴う生活環境の変化に適切な対応が必要として、ゆかりさんの計画相談支援のモニタリング頻度を３か月から毎月に変更すること

計画相談支援としてどうやってかかわっていこうか？（ポイント7）

ポイント7 障害福祉サービスや計画相談支援の設計

一般的にはゆかりさんの希望は「家事援助」に該当するでしょうが、ゆかりさんの希望が「自分でもできるようになりたい」であり、実際にそのようになっていくことがゆかりさんにとっても子どもたちにとっても重要であろうと思います。ですので、家事の援助も単にヘルパーが片付けるというサービス類型だけではなく、ゆかりさん自身も自分の課題にチャレンジできるよう共同実践のほか、自立訓練（訪問型生活訓練）などの活用も検討することが必要でしょう。また、相談支援専門員としてのかかわりでもあるモニタリングの頻度を考えると、ゆかりさんの居宅介護は標準的には３か月に１回、稔くんの児童発達支援事業は６か月に１回となります。令和３年度より新設された「集中支援加算」の活用も考えられますが、現状では臨時的、緊急的ではなく一定期間は恒常的、継続的なかかわりが必要と考えられます。このような事情を十分に行政機関と共有しながら、モニタリングの頻度を含めた計画相談支援の設計を検討することが重要でしょう。

ポイント8 家族としての支援

スタートは保健師から持ち込まれたおとなの相談でした。しかし、そのおとなは妻であり母でもありました。そして、相談者が母であるので、その家族には子どももいました。ゆかりさんの悩みや願いは、母親としての悩みや願いと重なります。そして、子どもたちは子どもたちで、それぞれの課題をもちつつも彼らの生活は家族とともにあります。家族が家族として機能していけるように、複合的総合的に支援策を検討し、他の相談機関、子どもの支援機関の知恵や力も借り協力していくことが大切です。

▶▶⑥ 障がいのない弟の剛くん

子どもたちはヘルパーや相談支援専門員に随分慣れて遊び相手として認めてくれるようなっていった。このようななかで、兄の稔くんはクリニックや保育園、児童発達支援事業の連携を中心に少しずつ家庭でも落ちついて過ごせるようになっていったが、弟の剛くんの指しゃぶりや夜泣き等はあまり変化がなく、心配だった。そのため、**一度、剛くんと付き合う時間を特別につくることにした。**

剛くんだけの特別な時間をつくろう（ポイント⑨）

当日は、稔くんが翌春小学校入学のための買い物に行く日で、ゆかりさんと稔くんは隣町へ。その間の2時間ほど剛くんと子ども担当相談支援専門員と2人で過ごすことになった。

相）つよしくん、きょうはふたりでおるすばんだけど、なにする？

剛）う～ん……、おさんぽ！

相）おーいいね。で、おさんぽって、どこいく？

剛）んっ？ おさんぽ！ いいからいくの！

相）う、うん（……まぁいいかっ。とにかく行くべ）

自宅を出て、当てのない散歩がスタートした。特にコースも目的もないので寄り道し放題。道ばたの草を引っこ抜いたと思ったらヨーイドンでかけっこ、しゃがみ込んでマンホールのふたの模様で迷路ゲーム。思いつくことを手当たり次第しながら時間を過ごした。その間も剛くんの口は休むことはなくて、保育園の「オレのともだち」のことなどの世間話の数々。この日まで、剛くんがこんなにもお話好きで活動的だと知ることはなかった。

ポイント⑨ 障がいのある子どもの「きょうだい」たち

約束があるので間に合うように家路につきましたが、本当はいつまでも、どこまでも剛くんと歩いてみたかったと思わされた2時間でした。次から次へとあふれ出てくる「遊びたい」「遊んでほしい」「話したい」「聞いてほしい」という剛くんのエネルギーは大変なものでした。考えてみると、この家族の子どもとして注目され、エネルギーが注がれていたのは兄の稔くんに対してで、弟の剛くんはその陰に隠れていました。そのうえ、ゆかりさんには障がいがあり2人の子どもの育児がうまくできていません。剛くんにも、1人の大切な子どもとして焦点を当てることが必要なのだと感じます。障がいのある人（子、親、おとな）のことは話の主題である場合がほとんどですが、その「きょうだい」（兄弟、姉妹など）のことは主題の陰に隠れている場合が多いのではないでしょうか。「きょうだい」たちのことを話の真ん中に据えてみる。「きょうだい」という言葉の前では、障がいの「ある」「なし」は関係ないはずです。

❼ 新たな課題へ

ヘルパーを中心に定期的に家庭に支援が入り、相談支援専門員とも面談を重ねるなかで、ゆかりさんも随分と心を開いて話してくれるようになった。その過程で子どもたちのことで新たなこともわかってきた。それは、ゆかりさんと夫が子どもたちに手を上げてしまうことがあるなど**虐待事案になりそうなこと**であった。

見えていなかった虐待の可能性……
（ポイント⑩）

引っ越してからはないそうだが、過去に「言うことを聞かない」とゆかりさんは何度か子どもたちに手を上げてしまったことがあるとのことだった。夫に関しては、頻度は多くないけれど今でも子どもたちがうるさいと手を上げたり、室内の物を投げつけたりすることがあるという。クリニックや保育園からの報告では、子どもたちのからだにあざや傷があったことはないそうで一安心したが、現在も支援機関以外では身近に理解者がおらず、孤立的なゆかりさんにストレスがたまることが心配だった。夫は医師から伝えられた子どもたちの診断結果にショックを受け、育児に関しては以前より協力的になってはいるが、ゆかりさんには「頑張ればなんとかなる」「おまえが悪い」等といった否定的態度は以前と変わらないとのことであった。父母による子どもたちへの適切なかかわりのためにも、児童相談所や家庭児童相談室のかかわりを求めるほか、従来からかかわっている保健師を含め、早急に関係者による会議を開くことになった。

ポイント10 子どもたちの権利擁護

ゆかりさんと夫が子どもたちに手を上げてしまうことがあることは、ゆかりさんが心を開いて話してくれなければわかりませんでした。今はまだ予防的なかかわりですむかもしれません。保健師、福祉課、家庭児童相談室、児童相談所などと連携を取ることが必要ですし、従来からの支援機関とも急いで認識を一致させる必要が出てきました。ゆかりさんの困りごとから始まった相談でしたが、子どもたちの権利擁護も重要な課題になってきました。

事例のあとがき（振り返って気づく課題と後悔）

- ゆかりさんは日常的に育児環境を整えることが難しく、支援機関による子どもたち２人の育児支援という意味では不足していたと思います。子どもたちから見たときに、適切な養育環境を整えることが難しく、うまくできたとは思えませんでした。
- 一家にかかわる関係機関や関係者が多く、会議を開くこと自体を含め、連携に苦労しました。
- 相談の過程で、ゆかりさん、稔くん、剛くん、それぞれに焦点を当てることができたのはよかったと思っています。しかし、相談支援専門員は夫からは敬遠されがちで、うまくかかわることができなかったことが残念でした。
- ゆかりさん一家は再び転居してＹ市を離れました。心配なことが続いていたので、転居先市町村の保健師等、行政機関同士、相談支援事業所同士で支援経過等を引き継ぎました。しかし、このあとゆかりさん一家がどうなっていくのかとても気がかりなまま終結しました。

スキルに関する解説は、
p.124からです

ケース3

意思表示をなかなか行わない人の意思決定支援

意思表示がハッキリせず、どのような希望をもっているのかがわかりづらい利用者の事例です。このような事例では、①相談支援専門員がどのようにかかわってよいのか判断が付かずに支援が止まってしまう、②「時間切れ」となり支援者側の一方的な考えで進めてしまう、③他機関の方針が先に進んでしまい本人の意向に沿わないサービスが提供されてしまう、といった課題がでてきます。今回の事例は、相談支援専門員が担当である母親との関係からかかわりをもったものです。

名前と年齢 隆さん（男性、33歳）

障がい種別等 自閉的傾向のある知的障がいの疑い

家族構成等 51歳の母親と2人暮らし

生活歴 隆さんは地元の中学校を卒業後、父親の経営する建設会社に就職し、主に鉄筋工として働いていた。もともと神経質なところがあり、あまり目立たない存在で、中学校に入学して以降、友人らしい友人はいない。父親は5年前に建築現場の事故で他界。それを境に隆さんは出勤をせず、自宅でふさぎ込むことが多くなった。母親は、中学卒業後に飲食店で働いていたが、18歳のときに同級生だった父親と結婚して、その年に隆さんを出産した。それ以来、父親が会社を起業することを懸命に支えてきたとのことである。しかし、40歳のときにパーキンソン病を発症し、父親の死を受けて抑うつ状態となった。自殺企図もあって精神科病院への入退院が数回ある。

これまでの経過 もともと父親のワンマン経営による建設会社だったため、後継者がおらず会社は実質的に倒産の危機にある。母親は隆さんについてすべて父親からの指示を受けて子育てをしていたようである。父親は隆さんの障がいに気づいていたと思われるが、自分がなんとかできると思って福祉制度の利用はもちろん、外とのかかわりを認めていなかったとのこと。隆さんはそういった影響もあってか他人と会話することがほとんどなく、親の言いなりになっていたようである。今の課題は、母親が厳しい状況にあるなかでも、どのようにして隆さんが生活を組み立てていくかということである。隆さん自身が自分の意思を表明することが難しい状況のため、周辺は大変とまどっている状況。母親のかかりつけ精神科医療機関の精神保健福祉士によると、母親が隆さんの将来を案じていることがわかるが、母親自身がこれまで父親の陰に隠れていたため、隆さんに対するかかわりが弱いということだった。

支援の経過

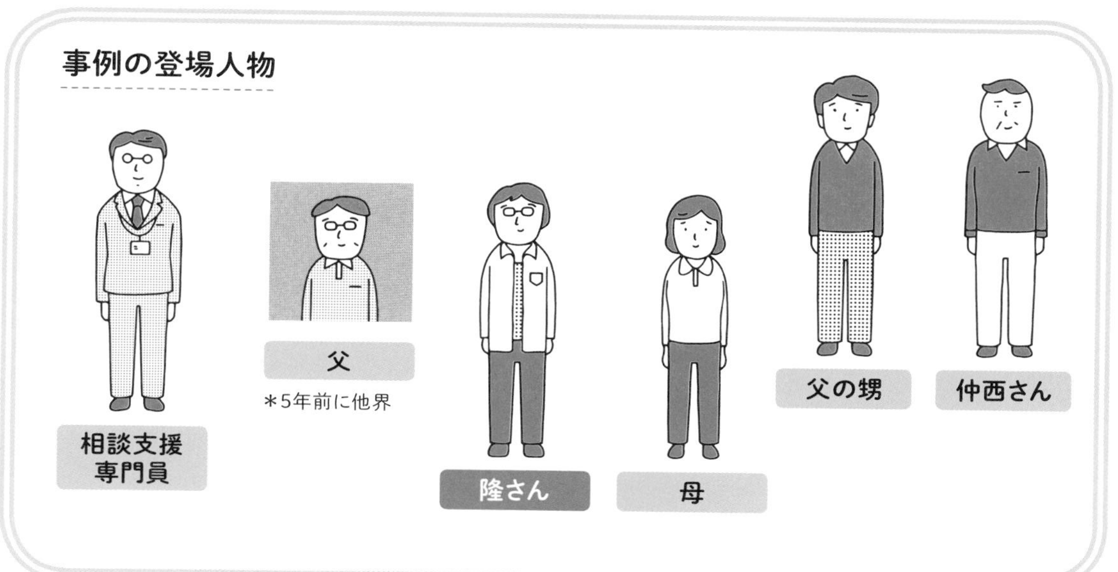

▶▶ 1 最初の関係づくり（意思疎通支援）

母親が通うA精神科病院の相談支援専門員は、母親の退院のたびにサービス等利用計画の作成を担当してきた。隆さんとは自宅で二度ほど会ったことがあったが、ぎこちない応対ぶりが気になっていた。母親にその点を尋ねると「あの子は普通じゃないから……」と、隆さんに何らかの障がいがあるかのような話をした。いずれにしても、母親のパーキンソン病やうつ状態への対応を隆さんとも共有する必要があると感じた相談支援専門員は、母親を通して隆さんとコンタクトをとろうとしたが、母親は「隆に私の話をするのはよしてほしい」と仲介を強く拒否し、「一度だけ、隆さんとお母さんと私の3人で病状や今後についてお話ししたいのですが」という提案にも耳を貸さない。ただ、「家族としてお母さんのサービス等利用計画書の確認をいただきた

自閉的傾向があるけれど、どのように過ごしているのかな（ポイント1）

い」という点については、何とか承諾を得たので、後日、家庭を訪問することになった。

家庭訪問をするにあたって、相談支援専門員は、隆さんがなぜ今のように消極的な生活ぶりとなっているのか、母親もそれに対してかかわりが薄くなっているのかについて確認することを目的にあげていた。自宅はあまりきれいとはいえず、玄関の靴は散乱し、居間には洗濯物が放置され、台所からは異臭がしている。気温が高い日だったが、クーラーが効かず扇風機も見当たらない。隆さんは、シワになったTシャツと短パン姿で迎えてくれた。髭はきれいに剃れていないようすで、あまり目を合わそうともしない。母親は奥で横になっていたようで、促すと出てきてくれた。

相談支援専門員は、隆さんに今回の趣旨を説明した後に、「お父さんってどんな人だった？」と声をかけてみた。隆さんはニコッと笑って、「優しい人」と答えてくれた。それをきっかけにとても朴訥（ぼくとつ）とした表現ではあったが、これまでのことについて聴くことができた。鉄筋工は最初の頃は嫌だったが途中からおもしろくなってきたこと、父親が亡くなってから会社で急に皆の目が暗くなりつらかったこと、母親は急に怖くなるのであまり話をしていないこと……。母親は横で黙って聴いていて涙ぐんでいた。

父親のことを聴けば素直に答えてくれるのでは？
（ポイント1）

父親の前では母親らしく優しくすることも難しかったのだろう
（ポイント2）

ポイント1　関係づくりとコミュニケーション

隆さんはこれまで父親が保護的になり専門家を寄せつけなかったことから、適切な支援を受けることなく育ってきたようです。最初の家庭訪問で気になることを感じたそのときが関係づくりのチャンスだったのです。再び巡ってきた訪問の機会ですから多くのことを質問したいでしょうが、それは逆効果です。本人が関心のありそうな話題を振ってきっかけをつくることから始めます。初回訪問は、質問するというよりも関係づくりに重点をおいて、それだけに時間を費やしてもよいでしょう。次に会ったときに向こうから話しかけてもらえるようなよい関係を目指します。

ポイント② 周囲との関係づくり

母親の涙はきっとホッとした気持ちが表れたものだと思われます。父親からの指示を受けての子育ては父親と隆さんとの間に挟まれ隆さんの想いを感じながらも、封印する役をしてきたことから解放されたと考えられます。これにより相談支援専門員はいちいち母親の了解を得なくても隆さんとコミュニケーションをとることができるようになりました。これは同時に、隆さんも母親に気兼ねなく話すことができる相手を確保したことになります。周囲との関係づくりは、利用者との意思疎通を図るうえでも重要な意義があるのです。

②本当の気持ちを確かめる（意思形成支援）

相談支援専門員は、何度か家庭を訪問した結果、隆さんへのかかわりと母親へのかかわりを並行して進めて家庭環境を整えていかなければ、両者が前向きに将来に向けた生活を考えることにつながらないと感じていた。しかし、その後も母親は自分の生活にほとんど前向きな姿勢を見せず、隆さんに対して積極的にかかわっていく素振りが見えない。一方、隆さんも同じような態度で、どのような生活を望んでいるのかをつかむことが難しい状況である。隆さんは歩行が不安定な母親に付き添って、A精神科病院の外来に来るようになり、相談支援専門員はその機会ごとに3人で話をするようにしていた。ほとんど言葉を発しない隆さんだったが、鉄筋工として働いていた時期に接していた社員の仲西さんに話が及ぶと顔が上がってくる。母親によると、仲西さんが廃業同然の父親の会社の仕事を一部引き取り、細々と続けているということである。

相談支援専門員は仲西さんとコンタクトをとってみようと考えた。仲西さんは少し渋っていたが、隆さんのことだと伝えるとすぐに会ってくれた。仲西さんは今の状況について、「自分としてはお世話になった社長の仕事を少しでも続けることで関連の取引先に迷惑がかからないようにしている。そして、仕事を教えていた隆さんについても非常に気になっていて、できれば仕事をこのまま続けてほしい」と願っているとの話だった。

仲西さんが隆さんの想いを知っている可能性がある
（ポイント③）

相談支援専門員はそのことを隆さんに伝えた。隆さんは少し喜んでいるように見えた。ただすぐに仕事に戻りたいとは話さなかった。そこで相談支援専門員は、隆さんの**本当の気持ちを知るため、仲西さんに依頼して鉄筋の組み上げ作業に参加させてもらえるよう手配をした。**

仲西さんなら隆さんの気持ちを引き出してくれるのではないか？
（ポイント④）

ポイント③ 本当の気持ちはどこにあるのか

まずは、隆さんと接点のある人物、特に鉄筋工として楽しかった時期をともに過ごしていた人からの情報は貴重です。隆さんがどういう想いで仕事をしていたのか、父親にやらされたという感覚ではなく、自ら仕事に喜びを感じることができていたのかなどを探る必要があります。本人からではキャッチしにくいことを価値観の合う人の力を借りて引き出していくのも大切な技術です。

ポイント④ 人を通じて気持ちの引き出しを図る

アセスメントは、本来、多面的なものですが、意思がわかりづらい利用者の場合は、今の状況につながる人のかかわりまでしっかりつかむことができないと、支援の方向性が打ち出せないことがあります。仲西さんとの関係のなかで鉄筋工としてやっていきたいという気持ちが高まったのかどうか、あらためて作業を通じて確認してみることも、隆さんのような方には必要なアプローチだといえます。

③ 自ら発信する（意思表明支援）

久々に作業を行った隆さんは、実に晴れやかな表情で、楽しそうに昼食をとっていた。「仲西さんと一緒なら仕事を続けたい」。ハッキリと想いを聴くことができた。ただ、問題もあった。父親の会社は現在、開店休業状態で、社員のなかに2人だけ存続を望んでいる人がいることがわかった。１人は仲西さんで、もう１人は父親の甥（隆さんのいとこ）だとのこと。甥は、今後この会社を蘇らせるのであれば自分が会社を引き継ぎたいという考えのようである。仲西さんは隆さんと仕事が続けられるのであればどのような形態でもいいと考えているとのことだった。甥が会社の継続のための資金調達などをしているようだが、会社の名義人となっている母親の態度がハッキリしないためどうなるかわからない。そんななかで隆さんがどのような希望を発するかによって状況が大きく変わるという事態となった。相談支援専門員は、隆さんが鉄筋工を続けたいという**意思を甥や母親にも自分自身で示すこと**が必要だと考え、そのことを隆さんに伝えた。**隆さんは１人でそれを伝えることは難しいけれど、仲西さんとならできると考えた**ようである。相談支援専門員の知らない間に、母親と甥に鉄筋工として働く意思を伝えたとのことだった。

ここは相談支援者として代弁は無理だ、というかすべきでないな（ポイント⑤）

「仲西さんとなら」と考えるようになれたのはすごい成長だ！（ポイント⑥）

ポイント⑤ 代わりに言うのではなく、上手に促す

意思の表明は本人が自ら殻を破る瞬間でもあります。これまで父親がいたことで誰にも言い出せなかった想いが、弱ってきた母親をみて、あるいは口を出してきた甥の行動をみて、自分が何とかしなければという気持ちに変わってきたともいえます。相談支援専門員はその機を逃さず、意思表明を促したといえます。

ポイント⑥ 「誰かと一緒ならできる」は、１人でできるより意味がある

仲西さんとの関係がよかったことで隆さんは自ら働く意思を伝えることができました。このように「誰かと一緒だったらできる」ということは一見甘えがあると思われがちですが、「１人でできる」と言い切られてしまうよりも、支援上の意味が大きいものです。仲間の支えを上手に使える環境を手に入れたというようにとらえていけばいいですね。

④ 続けるための形をつくる（意思実現支援）

甥は当初、隆さんを入れて会社を復興させることに消極的だったが、名義人である母親が隆さんの意思を尊重するとしたので、仲西さんとともに働くことを条件として会社の経営を始めることにした。隆さんは仲西さんの指導の下、週3日、建設現場で働くことができるようになった。週1回は母親のデイケアに付き添っている。相談支援専門員は母親の担当という形で一家にかかわり続けていて、隆さんがデイケアに来たときに様子を聴くようにしていたが、仕事で気疲れしている隆さんがきちんとした食生活が送れていないことが見てとれた。母親による食事づくりや掃除などに支援を要することから、家事援助のための居宅介護を導入するサービス等利用計画を作成した。

これからも隆さんの仕事が継続できるようにバックアップを続けるつもりである。

隆さんが望んでいる暮らしに近づいたかな？
（ポイント⑦）

日々の生活を続けることは難しい。これからが大切
（ポイント⑧）

ポイント⑦ 想いの実現はこれからも続く

週3日間、鉄筋工として働きはじめたことは隆さんのゴールではありません。ようやく当たり前の生活に向けて踏み出したばかりです。隆さんにとって自分の意思で働くことは今回が初めての経験ですから、父親の元で働いていたときとは見えている景色が違うものではないでしょうか。そのなかで新たな経験や想いを募らせていくことが起こり、違う世界に向かっていく可能性があるはずです。30代の若者としてこれからどのような生活を目指していくのか、これからも目が離せません。

ポイント⑧ 続けるための微調整は重要な任務

仲西さんを中心とした職場の人間関係や母親の面倒をみる生活が隆さんの力につながっているのなら、しばらくはその生活を支えることが相談支援専門員の任務となります。ヘルパーの導入や今後高齢化が進むであろう母親のケアなど、サービスを細かく調整しながら、隆さんのライフサポートアドバイザーとして、見守り続けることになるでしょう。もちろん隆さんの意思決定を支援する立場としての距離感を保ちながら。

事例のあとがき（振り返って気づく課題と後悔）

- 隆さんと最初に出会ったときに、もっと想像力を働かせて、彼の悩みや想いを聴くことができていれば、苦しい数か月を過ごすことはなかったのかもしれません。
- このことは多くの患者をみている医療機関の外来の現場では、日常的に起こっていることかもしれません。気になる世帯の情報を、診療部門と一元的に掌握するシステムを構築していくことが課題になりそうだと感じました。

スキルに関する解説は、p.119からです

ケース4

「おとな」という包囲網からの脱出

愛情を十分に受けられなかった子どももいずれ「おとな」になっていきます。その過程でモデルとなるべき「おとな」が本人から見たときに信頼すべき相手と映っていなければモデルとはならないでしょう。また、「おとな」や支援機関が用意した支援策や支援ネットワークが、本人の思いや希望とフィットしておらず、監視や管理のためにあると本人から映ったときには、「おとな」や支援ネットワークは意味を失っていきます。すばらしい支援も、本人が選択してくれない限り、力を発揮できません。相談支援専門員が、期せずしてこのような「おとな」に位置付くことがあります。我々がどんな「おとな」であるのか問われることになります。

名前と年齢 春佳さん（女性、21歳）

障がい種別等 軽度知的障がい

家族構成等 2人兄妹。5歳離れた兄は県外で暮らしている。
父母は離婚後、所在不明。連絡が取れる親族は母方の祖母のみ。

生活歴 春佳さんが3歳のときに父母は離婚。母親に引き取られるが5歳のときに養育困難と判断されて地方の児童養護施設へ兄とともに入所する。その1年後、母は失踪。以後、高校生時代を除き18歳までは児童養護施設、その後の半年間を入所施設で暮らす。小学校、中学校は通常学級に通学するが、中学2年生のときに勉強の遅れから児童相談所に相談したところ軽度知的障がいと診断され療育手帳が交付される。高校は寮に暮らしながら特別支援学校高等部で勉強。卒業後は児童養護施設と同一法人の施設で暮らすことになり同じく同一法人の相談支援事業所と契約した。日中は法人の就労継続支援B型事業所（農作業班）で働いていた。もともとよく問題を起こしていたが入所施設の暮らしも長続きせず、半年後には本人の強い希望で故郷に戻ることになり、契約していた相談支援事業所が主導してグループホームと仕事先を決めた。兄は児童養護施設を退所後、転々としている。現在は県外で暮らしているらしいが連絡は取り合っていない。父母は所在不明である。母方の祖母は市内に住んでいるがやりとりはほとんどない。

これまでの経過 児童養護施設と同じ法人の相談支援事業所が主導して暮らしの場所としてグループホームが決まり、同時にビル清掃会社の清掃員（障害者雇用）として働くことが決まっていた。転居に伴い、サービス調整のために計画相談を引き継いでほしいとの依頼が入り、かかわることになった。転居を1か月後に控えた8月中旬、支援がスタートした。

支援の経過

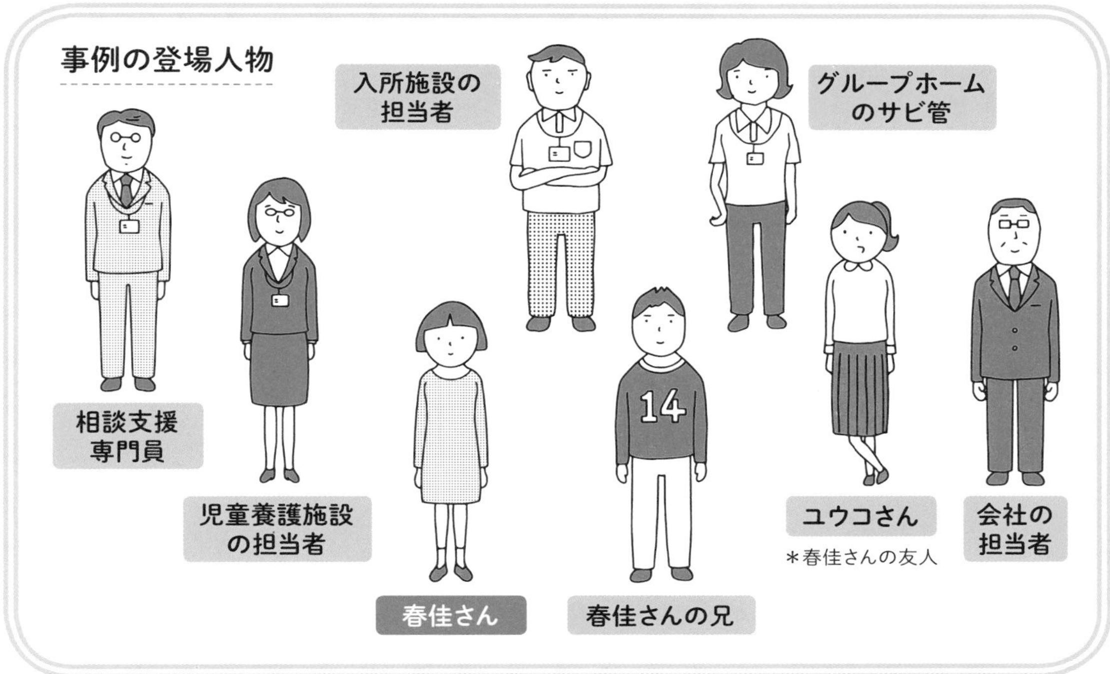

▶▶ 1 春佳さんと「おとな」

8月中旬、相談支援事業所の事務室で、入所施設の担当者、児童養護施設の元担当者、施設の相談支援事業所の相談支援専門員が顔合わせをし、引き継ぎが行われた。そこでは、春佳さんの生育歴や施設や学校での様子、転居してから利用する機関の情報などが提供された。心配なことは金銭管理と対人関係だと話された。金銭管理については本人に任せているが常に使いすぎないように助言が必要であること、対人関係については幼少期から長く入所していることもあり、児童養護施設では女王さま的な扱いを受けていたこと、感情を抑えきれなくて時々リストカットすることがあったと伝えられた。

実際に本人に会ったのは転居後で、春佳さんが18歳のときである。9月中旬引っ越しの翌日、まだ片付いていないグループホームの春佳さんの部屋を訪れた。相談支援事業所の役割の説明と、すでにすべての支援先が決まっていたので春佳さんにとっては最後の支援機関としての登場になったことを説明した。春佳さんは緊張した面持ちで、その態度からは**余計なことは話さないという印象**を受けた。

春佳さんの希望はどこにあるのか？
（ポイント①）

施設の相談支援事業所からはフェイスシートやサービス等利用計画を引き継いでいたが、あらためて春佳さんの現在の気持ちやこれからの希望などを聞いた。春佳さんはこちらの質問への応答以外話さなかったが、言いたいことは明瞭で、これからの希望に関しては「なるべく早く一人暮らしがしたい」「動物を飼って一緒に暮らしたい」と話した。動物は何がいいのか尋ねると「ライオン」と即座に答えたので、思わず「それはいいね！」と相づちを打ったところ、初めてニコッと笑顔を見せた。後日聞くと、この場面が強く印象に残っているとのことだった。後からわかることだが、一人暮らしとともにこの「ライオン」は春佳さんにとって重要な意味があったようだ。

ライオン？
いいじゃん！
（ポイント②）

ポイント1 希望のすり合わせ

グループホームとビルの清掃会社への進路は決まっていましたが、春佳さんの転居後の希望は「なるべく早く一人暮らしがしたい」でした。これまでの生い立ちを振り返ると一人暮らしがしたいと思うことはもっともなことだと感じましたが、気になったのは「なるべく早く」でした。例えば、一人暮らしをする前の練習とかクッションとしての現在のグループホームがあるのであれば理解できました。しかし、春佳さんの話しぶりからはこのような練習やクッションは存在せず、ほぼダイレクトに一人暮らしがしたいと聞こえました。この点のすり合わせはどうなっているのかが気がかりでした。

ポイント2 信頼できる「おとな」として

春佳さんは相談支援専門員を「また私を監視するおとなが増える」と警戒していると感じました。おとな（支援機関）の側は不本意かもしれませんが、さまざまな支援は春佳さんを守るためのものでありながらも、春佳さんにとっては監視や管理と感じることが多かったのかもしれません。このようななかで、頼る家族がいない春佳さんには「おとなの言うことに従う」ことが生きる術だったのでしょう。しかし、転居して新しい生活をスタートさせるこれからは、そのような処世術はなるべく使わなくてもいい、使ってほしくないと思いました。一緒に住みたい動物が「ライオン」と聞き、思わずうなずきましたが、春佳さんは「こんなおとなもいるんだ」と思ったようです。相談支援専門員は、春佳さんにとって警戒しなくてもいい「おとな」、安心できる「おとな」の１人として存在したいと思いました。

▶▶❷「逸脱行動」の開始

9月下旬、グループホームの食堂でこれまでかかわってきた支援機関と転居後にかかわる支援者が一堂に会する会議が開かれた。春佳さん本人も会議の冒頭に顔を出していた。春佳さんから「生まれ故郷だけどずっと離れていたのでいろいろ覚えなくっちゃ」という話は出たが、特に要望はなく、会議自体は当初からの支援計画を確認して終わった。しかし、会議を通して違和感が残った。最初の面談で会ったときの春佳さんがこの場にいない。支援者に合わせたそれ用の春佳さんではないか。この場やこの会議の方向性と春佳さんが合っていないのではないか。この時点で、いつかグループホームから出てしまう春佳さんを想像していた。しかし、どうすべきかの答えは浮かばず、モヤモヤしたまま会議は終了した。

春佳さんにとっての支援ネットワークの意味は？（ポイント③）

10月からビル清掃会社の仕事はスタートしたが、その1週間後、春佳さんの最初の「逸脱行動」が始まった。入居者同士の部屋を行き来しないというグループホームの約束を守らず、注意しても同い年くらい女性の部屋や男性の部屋にも行くようになっていると連絡が入った。その4日後、今度は夜遅く警察に保護されたと連絡が入った。同時期に入居した女の子とグループホームを飛び出し、道がわからず帰ることができなくなったとのことだった。グループホームでは対応に困っており、面談に来てほしいと依頼された。

グループホームの春佳さんの部屋を訪れると、友だちと買いに行ったというピンクのカーテンが目に入った。最初の面談と違い、物怖じせずに話すので少し驚く。グループホームの約束が守れない理由を尋ねると「食堂にうるさい人がいるから」とか「私に気がある人がいるんだよね」と話したり、スタッフを呼び捨てにして「〇〇は話わかんないんだわ」と自分は悪くないと主張した。そして、「ストレス解消の歌の練習もできないし、もうここは無理だから仲良くなったユウコと1年後には一緒にこのグループホームを出るって約束してる」と話す。また、大好きなユーチューバーが紹介していた「パーソナルなんとかが自分に似てる」と思ったとのことで、「これ」とスマホで精神科クリニックのホームページに掲載された境界性パーソナリティ障害に関するチェックリストを見せてくれた。自らの弱さに対して無防備というか、あっけらかんとしていることに驚いた。リストを一緒に見ながら自分でも表現できないだろう春佳さんのつらさの一端を見た思いだった。

春佳さんの言葉を真に受ける（ポイント④）

訪問後に開いた相談支援事業所内の春佳さんのケース検討は特別に時間をかけることになった。

ポイント3 ネットワークと本人の思い

長くかかわってきた施設にとっては、大切な利用者の1人であった春佳さん。そして、その春佳さんを受け入れるグループホームと就職先の会社。どの機関も送り出す、あるいは迎え入れることに最大限の準備と努力をしていたことと思います。しかし、肝心の春佳さんの思いや心とフィットしていたのかといえば、少し違っていたのかもしれません。「私を監視するおとな」という言葉は春佳さんからではなく、こちらが推測した言葉です。しかし、彼女のために用意された支援ネットワークは、18歳の夢見る若者としてではなく、それまで強固だった支援網から離れることで問題を起こす可能性のある若者として春佳さんを位置づけていたのではないか。問題を起こさないために用意された包囲網は、春佳さんの思いの形にはフィットしていなかったのかもしれません。

ポイント4 「真に受ける（その2）」

「パーソナルなんとかが自分に似ている」という話は、施設生活では出たことがなかったそうです。スマホを使いこなしている春佳さんは、ネットで自分のつらさと同じような人の情報を探していたようです。医学的診断は医療機関にお任せするとして、本人からこちらに発信してくれた「パーソナルなんとか」を大切にすることにしました。相談支援事業所では、これまでの経験で境界性パーソナリティ障害が疑われる人とのかかわり方を勉強してきました。それらを含めて、春佳さんに対して出来事や局面ごとに振り回されるのではなく、細くとも途切れず継続して応援していく立場を堅持することを相談支援事業所内で確認しました。『障がい者ケアマネジメントの基本―差がつく相談支援専門員の仕事33のルール』（中央法規出版、2015年）の第1章に「どんなに途方もない夢や希望であっても、それは本人のもの」（p.6）と真に受ける大切さについて記してあります。春佳さんが話してくれたことは夢や希望でなく、自分の弱さやつらさです。本人が語る夢や希望を真に受けることを「真に受ける（その1）」とすると、本人が語る自分の弱さやつらさを真に受けることは「真に受ける（その2）」でしょう。いずれにしても、本人から発信された心の声を見逃さず大切にしたいと思います。

③ 支援体制の再構築

10月末、グループホームで起こしているトラブルに対応するため、グループホームのサービス管理責任者と会社の担当者に加えて、以前かかわっていた児童養護施設の元担当者にも集まってもらい、緊急に会議を開いた。グループホームからは、春佳さん、ユウコさんと話し合った結果、時間を決めたうえで2人に限り双方の部屋の行き来を認めることにしたことが報告された。会社の担当者からは、休まずに出社しており、仕事は丁寧で問題ないが、同期で入った同い年の女の子の間でもめごとが生じていると報告された。また、児童養護施設の元担当者からは、子どもたちのなかでは女王さま的な扱いを受けていたことがあらためて話されたほか、おとなも含めて味方になる人かどうかを見ていて使い分けるところがあること、歌が好きで1人で練習することがあったこと等が話された。相談支援専門員からは、春佳さんが面談で語った一人暮らしの希望や春佳さんが境界性パーソナリティ障害の状態に自分が似ていると思っていることを報告し、彼女が見ていたスマホの内容とともに基本的なかかわり方について話し合った。

このままじゃまずい！

会議のなかでは、10月に入って春佳さんが見せ始めたいわゆる「逸脱行動」は、自分の味方を探したり、どこまで許されるかを見たりする試し行動と思われること、9月で「女王さま」は終わり社会人としてスタートしたことにはなるが、本人の思考や行動が変化することは簡単ではないだろうこと、実感を伴って社会生活を理解できてはおらず、体感しながら周囲とやりとりするなかで課題を探る必要があること等が話された。

今後の方向性としては、①各機関が春佳さんを女王さまとしては扱わずそれぞれの役割や基本的なルールは堅持しつつ統一して彼女を応援していくこと、②好きなことをするためにはお金が必要であり仕事は大切であると理解しているようなのでここ（職場）を大切すること、③気持ちの安定のためにグループホームと職場から精神科の受診をすすめること、④相談支援事業所が中心になって歌の練習を思い切りできる機会を見つけていくことなどが話された。そして、問題が起きれば互いに連絡を取り合うことや当分の間は会議を月1回設けていくことも確認された。これ以降、この会議は春佳さんが支援機関や各担当スタッフを振り回すたびに重要な働きをした。

仕切り直ししなくちゃ（ポイント⑤）

11月に入ってから少しずつ職場を休むことが増え、出勤したときにはグループホームを出たいと話すことが増えてきた。グループホームでは連絡なしに夜遅く帰ってきたり、規則を破って友人を泊めたりもしていた。

このようななかで、春佳さん本人や関係機関とやりとりすることが頻回になり、春佳さんを巡る情報交換や調整が頻回に及ぶことが常態化してきたことから、計画相談支援のモニタリングの期間を6か月から毎月に変更できないか役所と話し合った。長い施設生活から大きく生活環境が変化していること、生活基盤となるはずのグループホームで不安定な状況が続いていることから、グループホーム利用者としては異例だが、12月より毎月のモニタリングに変更された。

「集中加算」の算定が頻回で常態化してきた（ポイント⑥）

ポイント⑤ 仕切り直しと機動的支援体制の再構築

転居前に準備していた支援策が危なくなってきました。支援を実行する支援体制も揺らぎはじめていました。9月下旬に感じた「会議を通した違和感」が現実としてあらわれてきたともいえます。支援策の再検討と支援体制の仕切り直し、再構築が必要になりました。しかし、この段階で難しかったのは春佳さんの思いにフィットする支援策とはどのようなものなのか、春佳さん本人も支援者もわからず、歩きながら考えるしかなかったことです。決まった方針をもとに支援体制をつくるのではなく、支援方針自体を考えながら進み、かつ機動的に動ける支援体制が必要になりました。

ポイント⑥ 計画相談支援の設計も変更

当初予定していたプランの変更が余儀なくされ、相談支援事業所の役割も、当初期待された「決まったサービスの調整」だけではすまなくなってきました。今後も濃密なかかわりが求められそうですし、調整すべきことも多岐にわたりそうです。臨時的、緊急的な集中加算の算定で進めるのではなく、モニタリング頻度の変更が必要になりました。モニタリング等による報酬は計画相談支援を支える構造上の骨格ともいえますので、事業を継続させていくためにも最適な計画相談支援の設計が必要です。なお、グループホーム利用者の標準的なモニタリング実施期間の変更でしたので、役所による状況把握や十分な話し合いが必要でした。

❹ 春佳さんの素顔？

時折グループホーム内で嵐を起こしているが、ユウコさんや同郷の施設OGである先輩や友人等と夜や週末に遊ぶことで何とか収まっていた。

12月初旬、利用できそうな歌の教室やカラオケを紹介がてら春佳さんと時間をとって面談した。相談支援専門員とは冗談を飛ばし合える関係になってきていた。面談のなかで、３日間ほとんど食べていないことや今週はリストカットが増えた、などと話してくる。しかし、その割に元気そうで大きな声で笑ったり楽しそうに友人の話をしたりもする。ネガティブな話は多少なりとも「おとな」へのアピールも含んでいると思われる。

仕事：給料は悪くはないが掃除の仕事はくさいし、やり甲斐を感じられないので辞めたい。友だちといつかは居酒屋をやりたいと話している。

グループホーム：早く出てユウコとアパートに住みたいが、お金がないと暮らせないことはわかっている。まずはお金が貯まるまで我慢する。アパートでは（本当はライオンがいいけど無理なので）犬を飼いたい。いやしがほしい。

リストカット：仕事やグループホームのことなどでスタッフと自分の気持ちがぶつかると苦しくなってリストカットしてしまう。したくないとは思う。

病院：役に立たないと思っているから行きたくない。だから、いろいろ理屈をつけて行ってない。

これからの春佳さんのプランを話し合っているときに、**真顔で「わたし、頭わるいから……」とつぶやいた。**ふざけた言葉ではなかったので少し驚いた。よく聞いていくと「算数は１だった」「買い物はいいんだけどさ、通帳の見方とか貯金ってどうすんのかわかんない」「目標って言われてもさ、はっきり何月何日までとか言われないとわかんない」など、自分の苦手なことを語ってくれた。どれもこれまで聞いたことがない話だった。

強がらない、おとなぶってない、そのままの春佳さんの一言？
（ポイント⑦）

ポイント7 素顔を見せてくれたらチャンスかもしれない

春佳さんから発信された「わたし、頭わるいから……」は、同じく春佳さんから発信された「パーソナルなんとかが自分に似てる」と自分の弱さを他者に伝える点では共通していると思われます。しかし、「わたし、頭わるいから……」の中身はそれだけではなく、過去からのつらかった心情を吐露しているように思えます。学校の勉強でわからないことや、施設のスタッフからの話で難しくて理解できないことがあっても、「わからない自分」にはフタをして他者に見せない。いえ、つらくて見せられない春佳さんがいたのではないか。これも彼女の生きる術といえるかもしれませんが、誰でも弱いところ、苦手なところはあるし、苦手なことは誰かに手伝ってもらえばいいんだ、という春佳さんになってほしいと思います。

弱いところ、苦手なことを見せてくれたことは、それらに対する必要な手伝いを一緒に考えるチャンスといえるかもしれません。

⑤ 1つめの脱出

通帳の管理が難しいとわかったので、施設からも情報をもらい2人でさっそく一緒に整理することにした。あらためてお金の管理について希望を尋ねると、「自分では無理だわ。ストレス解消でたくさん使っちゃう」と言うが、貯金はしたいので「どうやって使えば大丈夫か教えてほしい」とのことだった。記帳した通帳とにらめっこしながら、貯金用の通帳に移す金額や使っても大丈夫な一日の金額などを2人で確認した。以後、決めたとおりにお金を使えることは少なかったが、それでもビル清掃会社を辞めるまでの約10か月間、春佳さんの希望でお金の相談にのっていた。また、かねてから希望していた歌の練習については、一緒に数か所の歌の教室を見学した。

転居してから約1年後の8月、春佳さんは今の仕事を「もう完全に無理」と話すようになった。関係者と一緒に話し合いがたびたびもたれたが、春佳さんの意思は固く、9月末、1年勤めた会社は退職。当初予定していた支援策からの脱出だった。その後、障害者就業・生活支援センターの力を借りて仕事探しを続けた。

会社を退職して2か月後、パソコン操作やネット販売をメインにする就労継続支援A型事業所で働くことを自分で決めてネットオークション担当として働くことになった。**新しい事業所で働くようになってからはじめて会った春佳さんは、お化粧をして明るい表情で面談の場面に現れた。**給料は以前より下がったが、よい先輩たちがいて楽しいとのことだった。この頃からグループホームのルールを破ったりリストカットをするなどの行動は見られなくなり、歌の話もあまりしなくなっていた。

自分で決めることは、とっても重要なことだ
（ポイント⑧）

ポイント⑧ 自分で決めたなら、そこを応援したい

施設への転居前に決めていたビル清掃会社をとうとう辞めてしまいました。しかし、その後に障害者就業・生活支援センターの力を借りながら決めたA型事業所で働くうちに、お化粧をしたり服装もおしゃれになったりするなど明るくなっていきました。ビル清掃会社を辞めたことは用意された支援策からの脱出でしょうが、その後決めた事業所を含めて自分で決めた結果でした。振り返ると、幼い頃から住む場所、行く学校、働く場所など、誰かが決めたレールを歩いてきた春佳さんです。課題はたくさんあるのでしょうが、このときは、自分で決めたことを評価して、そこをなんとか応援したいと思いました。

▸▸ ⑥ 2つめの脱出

A型事業所に働き出して1か月後に会った春佳さんは、いつもと少し違っていた。施設にいた頃の自分と今の自分の違いについて、自分から話してくれた。

変わってきた自分を自分の言葉で語ってくれた！

なんでもこの半年ほど、自分がいた児童養護施設にいる後輩から頻繁にSNSのメッセージが来るそうで、内容はほとんどが自分は受けとめてもらえていないという施設への不満であるとのことだった。これまでの春佳さんは自分も同じような不満をもっていたので、「そうだそうだ」と返答し、一緒に施設の悪口を言っていたとのこと。しかし、最近になって「まずは自分の気持ちを伝えてみたら」と自分なりに意見を言えるようになったという。春佳さんによると、施設にいた頃の自分は、スタッフや友だちに「言いたいことを伝えていなかった」にもかかわらず、一方的に相手は「わかってくれない」と怒りいつもいら立っていたそうで、「自分は少し変わったような気がする」とのことだった。確かにこのときの春佳さんは、不安やいら立ちからリストカットなど強い行動をするようには見えず、一皮むけて少し変わった印象を受けた。

明るい表情になり少し安心していた矢先、「グループホームも無理」と春佳さんからメールが来た。まだお金が貯まっていないという説得もむなしく、間もなく春佳さんはグループホームに別れを告げた。出会ってから約1年半、20歳になろうとしていた。突然と思えた行動だったが、仲良しだったユウコさんが1か月前にグループホームを退去したことに加えて、A型事業所で好きだった先輩たちが相次いで辞めてしまったことが直接の引き金だったようだ。しかし、それは引き金に過ぎず、春佳さんからすると我慢を重ねてきた当然の結果だったのかもしれない。

こちらにできることはあるのか？
（ポイント⑨）

グループホームを出た春佳さんは、以後、友人や先輩たちの住まいを転々とすることになった。端から見たら危なっかしいに違いないのだが、春佳さんからすると、「なるべく早く一人暮らしがしたい」というかねてからの希望に近づこうとした結果なのだろう。こうして、あらかじめ用意された2つめの支援策（グループホームの暮らし）からも脱出した。

ポイント⑨ 春佳さんの成長と「支援」

この頃から、春佳さんは自分自身で施設時代の自分を振り返ったり、今の自分と昔の自分を比較したりするようになりました。施設で女王さまだった春佳さんは、他者を振り回すことはあっても自分の内面を見せることはほとんどなかったそうです。それは本当の自分を出すことに恐れや不安があったからかもしれません。振り返ると、このような春佳さんの内面の変化の延長線上に、就職先やグループホームを辞める決断もあったように思います。春佳さんは相談支援専門員に対して、当初から「なるべく早く一人暮らしがしたい」と話していました。そう考えると、女王さまから社会人へ、「おとな」になっていくための階段を、春佳さんなりに登ろうしていたのかもしれませんし、それは「成長」と呼べるのかもしれません。一方で、このような彼女の行動に対してどのような「支援」があるのか、考え込まざるをえませんでした。

▸▸ ❼ そして、「おとな」に別れを告げて

グループホームを退去した後も相談支援専門員とは連絡は取れていて、月1回程度の面談は続いていた。しかし、約束を延期したりキャンセルしたりすることが増えていった。10日間ほど消息不明だったときには、ネットで知り合った他県に住む「彼氏」に会いに行っていたという。A型事業所に通所してはいたものの休みがちであり、仕事に出たときも集中せず、事業所からは雇用を継続するかどうかを、本人と話し合う予定だという報告が来ていた。

次第に「グループホームも無理だったけど、今の仕事も無理」と話すようになった。「手帳（障害者手帳）使ったら、高い給料もらえないんで使わない」と考えたそうだ。コンビニの面接を考えているそうで「履歴書も通信高校卒業って書こうかな」と話す。また、遠距離だが付き合いが続いている彼氏を大切するために「自分を変えるチャンスなんだ」とも話していた。相変わらず「おとな」としては危ういとは思うが、そのときの春佳さんは真顔だった。出会ってから約2年、結果的にこれが最後のモニタリング、最後の面談となった。

グループホームを出てから友人や先輩宅を転々とするなかで、春佳さんは友人たちの世界に直にふれることになった。それは、元施設利用者である先輩やその友人たちかもしれないが、たっぷりふれた世界は20歳前後の普通の若者の世界であったのだと思う。最後の面談から1か月後には完全に音信不通になった。相談支援事業所としては、A型事業所を辞め、障害福祉サービスの利用の意思がなくなったと判断できるので契約終了である。かかわってきた支援機関に確認したところ、いずれも春佳さんと連絡は取れていなかった。春佳さんの友人からの情報では、県外で暮らす春佳さんの写真がSNSにアップされていたという。**春佳さんは、彼女の地元の支援機関と、かかわってきた「おとな」たちと別れを告げたようである。**

> **私たちに出された宿題なのかもしれない**（ポイント⑩）

相談支援事業所としてのかかわりがよかったのか、春佳さんはどう思っていたのかはわからない。そして、今どこでどうしているかもわからない。いま、春佳さんが自分なりの「おとな」に近づいていることを祈りつつ、この地域にも安心できる「おとな」がいると示すために、音信不通になった後も相談支援事業所として春佳さんへの扉は開けておくことを決めた。

ポイント10　「おとな」への信頼、信頼できる「おとな」の存在

春佳さんは、結果的に地元で用意されたすべての福祉の枠組みから脱出しました。その過程は、信頼できる「おとな」を探していた旅のようにも感じます。幼い頃から両親を知らず家族の影が薄い春佳さん。面談の最初に話していた「ライオンと暮らしたい」は、「信頼できるおとなと暮らしたい」「そんなおとなが側にいてほしい」という思いだったのでしょうし、「小さなときからずっとずっと、そんなおとなが側にいてほしかったんだ」という切実な訴えだったのではないでしょうか。だとすると、そんな春佳さんの思いに、両親はもとより、「おとな」は、「支援者」は、応えることができたのでしょうか。

社会的役割としての「おとな」の存在。「おとな」としての相談支援専門員として、「おとな」としての広い意味の支援機関として、春佳さんから大きな宿題を出されたように思いました。

事例のあとがき（振り返って気づく課題と後悔）

- 振り返ってみると、何をどうしても、結局春佳さんはすべてから脱出することになったのだろうと思います。春佳さんにとっての「安心」を用意すると考えたときに、相談支援専門員としてだけでなく、支援機関としての限界を感じました。
- 相談支援専門員も振り回されそうになりながらの難しい支援でした。自分を保つためには、同じ職場の仲間が大きな存在でした。職場内外で数回お願いした事例検討も、頭の整理に役立ちました。
- 相談支援事業所としては、可能な限りのセーフティーネットを用意しながら、春佳さんが支援から「脱走・脱出」することもやむをえないとの方針をもっていました。それは、たとえ「脱走・脱出」したとしても、いつか帰ってくる可能性がゼロではないので、再受け入れの腹づもりを含んでいました。このような腹づもりまで含めた話し合いが、支援機関同士で足りませんでした。

スキルに関する解説は、p.137からです

ケース5

知的障がいのある人の介護保険へのゆるやかな移行

たまたま受けた健康診断でがんが見つかり、検査の結果、余命1年と宣告された知的障がいのある女性の事例です。障がいのある2人の息子たちを含めた一家の生活にさまざまな専門職がかかわり、介護保険への移行は本人が混乱しないようゆるやかに進めました。大切なのは、本人の気持ちをしっかり受けとめて進めることだと考えます。

名前と年齢 山本みどりさん（女性、65歳）

障がい種別等 知的障がい

家族構成等 本人と息子2人（長男・43歳、次男・41歳、ともに軽度知的障がいと精神障がい）の3人暮らし

生活歴 小・中・高と地元の学校を卒業し就職。仕事は軽作業で、指示どおりに組み立てをするような内容であった。在学中の成績はよくなかったが、人懐こい性格で先生にはかわいがられていた。職場でも対人トラブル等はなく過ごしていた。

職場で出会った男性と恋愛をして結婚。2人の子どもを授かった。結婚生活は夫の指示どおりに家事をしたりして過ごしている。夫にもアルコール関連の問題があったが、何とか結婚生活を続けていた。子どもの学校関係者からの相談で保健師が対応。以後一家のサポートは保健師が担っていたが、夫の死亡により、息子2人を含めて一家を支える必要がでてきたため、相談支援専門員が介入することになった。

これまでの経過 夫の存命中は夫の指示で家族全体が動くという家庭であったため、全く福祉サービスを利用せずに生活をしていた。この間のみどりさんの役割は家事をすることであった。夫が2年前に亡くなり、精神障がいと知的障がいの重複障がいの息子2人との3人暮らしとなる。現在は一番しっかりしているのが統合失調症と軽度知的障がいの重複障がいのある次男。

本人と長男はM就労継続支援B型事業所に通所中。2人の息子には精神科訪問看護が支援している。

支援の経過

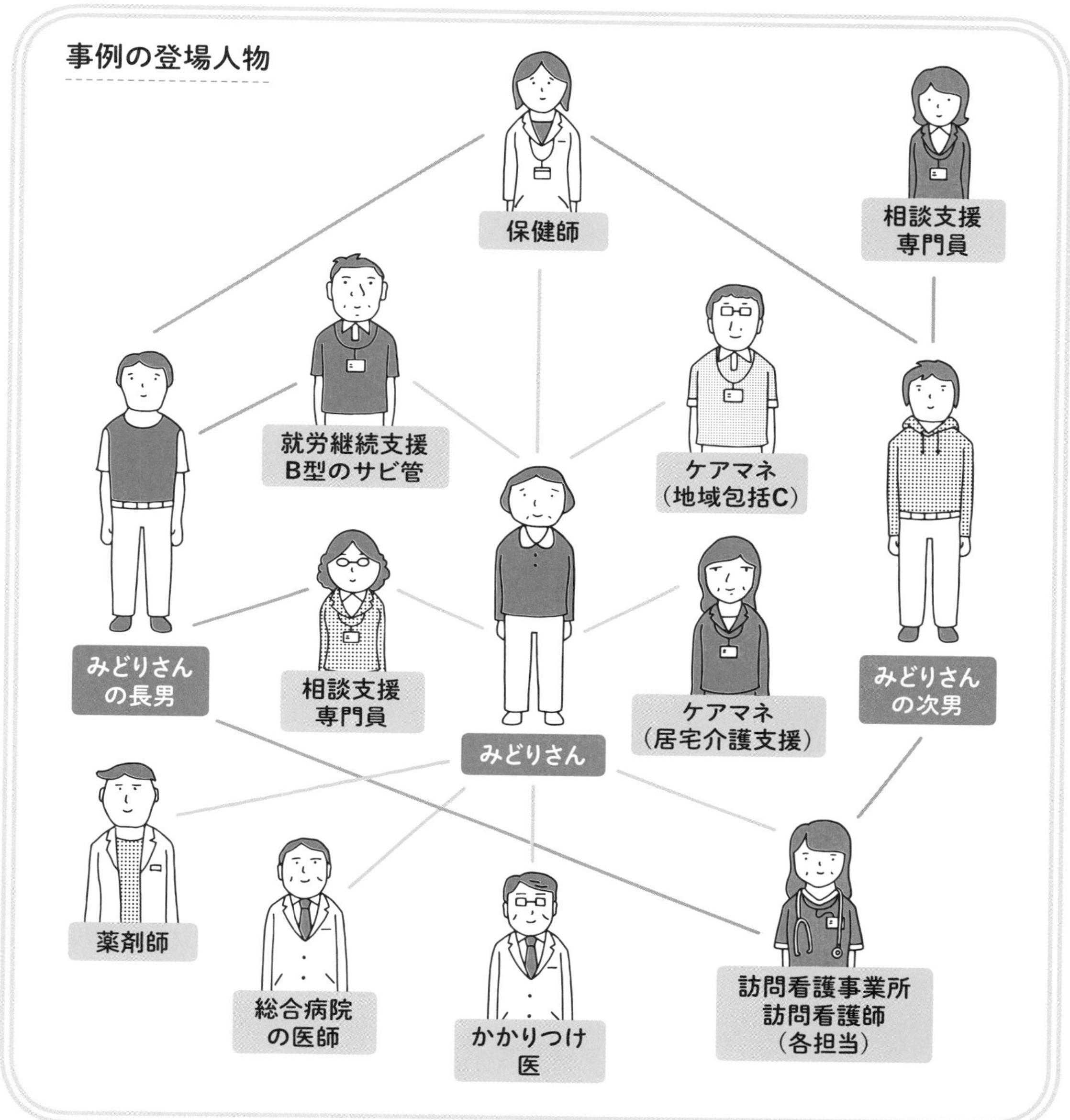

▶▶ ❶ 関係構築とサービス調整（介護保険申請までのかかわり）

みどりさんと2人の息子の3人に支援が必要な状況とのことで、市の保健師からの紹介で相談支援専門員のかかわりが始まる。相談支援専門員が面談をすると、みどりさんは「夫が亡くなったので、家にいても暇。少しでも稼ぎたい。仕事がしたい」と希望した。

就労継続支援B型事業所の見学を数か所行った結果、みどりさんは、作業の内容よりも事業所で出会った人が気に入り、M事業所に通所することになる。長男もみどりさんと一緒の事業所に通いたいということで、同じ事業所に通所を始めた。次男は自分ができそうな仕事があるK事業所を選んで通所を始めたが、「こんな安い給料で働けない」と言って1か月で通所を辞めてしまう。当初、相談支援専門員は3か月ごとのみどりさんのモニタリング時とM事業所への訪問で本人たちの様子を把握していた。M事業所では作業も積極的に行っており、課題は見つからなかった。家での生活は、みどりさんは夫が亡くなってから、料理をする気持ちがなくなってしまい、コンビニで総菜やつまみを買い、ビールを飲むことが楽しみな生活を送っていた。2人の息子もコンビニやスーパーで自分の好きなものを購入して食べていた。ただ、光熱水費が高くなるという理由で、洗濯はあまりせず、お風呂にも全く入らず、また掃除や片付けができないという状況だったため、相談支援専門員はヘルパーの介入があるとよいのではないかと提案したが、みどりさんがそれを拒否した。家に入れるのは訪問看護師と相談支援専門員だけという状況であった（訪問看護は息子に対する精神科訪問看護）。

> みどりさんの大切にしていることは人とのかかわり？
> （ポイント①）

> タイミングよく提案するにはどうすればよいだろう？
> （ポイント②）

ある日、相談支援専門員は、次男の訪問看護の際に「最近、お母さんのお尻から血が出るみたい」という次男の話を聞いた訪問看護師から連絡を受けた。訪問看護師がみどりさんに出血の様子について聞くと、様子ははっきりしないものの体調が悪いかもしれないので、受診したほうがよいのではないかと提案した。相談支援専門員は、みどりさん本人から様子を聞くとともに、M事業所での様子をサービス管理責任者に確認した。事業所では特に変わった様子はないということであったが、本人を説得して受診することにした。

> 本人は、体調の変化に気づけないかもしれないし、自分のことも説明できないから受診同行が必要かな
> （ポイント②）

受診の結果、みどりさんの病名はがんで転移もあり、余命1年ないかもしれないということで、積極的な治療はしない方針となった。相談支援専門員は家での生活状況や健康管理・服薬管理をする役割が必要ではないかと思い、みどりさんへの訪問看護の導入を検討したが、自分の体調が悪いことに気づいていない本人は、訪問看護も拒否した。そこで、息子の訪問看護師に、家族支援として母親の様子も見てほしいと依頼した。

> 自覚がないので仕方ない。でも何とかしなければ……
> （ポイント②）

ポイント1　本人が大切にしていることをキャッチする

新しいことを始めるときには、本人の大切にしている価値観をキャッチして、その価値観に添うことが必要です。みどりさんの場合は、「お金を稼ぎたい。働きたい」と希望していましたが、事業所の選択場面では「あの人いい人だね。あの人のところがいい」と話しています。その場面から、人との関係性を重視したほうがよいのではないかと相談支援専門員は気づきました。本人のちょっとした発言を聞き逃さないこと、そして本人が大切にしていることを中心にかかわることが、信頼関係をつくるための第一歩になります。

ポイント2　タイミングを計る

サービスを調整するときに大切なことは、タイミングです。そのタイミングは、本人が困っているとき、心細いと感じているとき、不安なときなどです。相談支援専門員が必要だと感じていても本人がその必要性を感じていなければ、その多くはうまく調整できません。相談支援専門員は本人の気持ちに寄り添いながら、本人のタイミングで必要なサービスを調整することが重要です。また、サービスの具体的なイメージをもってもらうことも重要であるため、本人がイメージをもてるようにモデルを示す等のかかわりが大切になります。

ここでは、息子の訪問看護師に母親のみどりさんにもかかわってもらうことで、みどりさんが訪問看護師の存在を認識でき、自分にも必要だと感じてもらうことを目的に、相談支援専門員は訪問看護師にかかわってもらうよう依頼をしています。相談支援専門員はサービス調整をするときに、その目的を本人に加えて、提供事業者にもきちんと伝えることが重要です。

▸▸❷ 介護保険への移行に向けて

みどりさんの体調は大きく変化することなく1年が経過した。みどりさんは64歳になり、あと1年で介護保険制度への移行を考える年齢となった。みどりさんが人との関係性を大切にする人でもあり、みどりさんの特性として、一見人見知りもせず誰とでも仲良くできるようにみえるが、人に心を開くには時間がかかる人でもあることがわかった。また、みどりさん独特の表現に、慣れるほうも時間がかかると感じていた相談支援専門員は、早めにケアマネジャー（介護支援専門員）との関係性をつくるかかわりを始めた。

関係性をつくるには時間が必要だ。介護保険移行時期までに関係性をつくってもらいたい
（ポイント③）

当初かかわった保健師と連携し、はじめに相談支援専門員は、みどりさんの担当地区の地域包括支援センターに相談に行った。みどりさんの疾患のことも念頭におき、看護師の資格のあるケアマネジャーに依頼をした。みどりさんに介護保険制度について説明をしたが、なかなか受け入れることができない様子だったので、相談支援専門員が訪問するときに同行訪問をしてもらいながら、みどりさんとケアマネジャーの顔合わせを行った。同行訪問をするにあたっては、「相談支援専門員（自分）がよくわからないこれからのサービスについてよく知っている人」という紹介をした。相談支援専門員は、ケアマネジャーの前でみどりさんとかかわり、そのあとで、みどりさんとのかかわり方の意図をケアマネジャーに伝えるということを繰り返した。また、2人の息子も新しい人が介入することに抵抗が強かったので、ケアマネジャーには訪問時には必ず息子たちにも声をかけてもらうことや、息子の話も少し聞いてもらうことなどを提案し実施してもらった。

みどりさんに、よい第一印象をもってもらわなくては
（ポイント③）

家族支援も必要になるので、2人の息子にもよい印象をもってもらわなければ……
（ポイント③）

ケアマネジャーには相談支援専門員の訪問時に同席してもらいながら、少しずつ、みどりさんとも家族とも顔なじみの関係をつくってもらった。65歳の誕生月の2か月前には介護保険の要介護認定のための調査を受けてもらうことになった。認定調査には、相談支援専門員が同席をさせてもらい、同時に情報提供もした。結果、みどりさんは、要介護1の判定が出た。ここで課題となったことは、認定の結果が要支援ではなく要介護なので、地域包括支援センターにかわり、居宅介護支援事業所のケアマネジャーが介入することになったことである。今まで顔をつないできたケアマネジャーが変わるということは、みどりさんにとってどのような反応になるのかが心配になった。そこで、居宅介護支援事業所のケアマネジャーと地域包括支援センターのケアマネジャー2人で当面かかわってもらうことになった。

ポイント③ 第一印象を大切にしながら関係性をつくる

誰もが人との関係性をつくるのには時間がかかります。特に精神障がいや知的障がいのある人はコミュニケーションが苦手であったり、独特のコミュニケーションのとり方があったりするため、時間が必要です。このような場合、お互いをまず知ることから始めて、信頼できる人が介入しながら、徐々に関係性をつくることが必要になります。また、お互いに好印象をもつためには、お互いの大切にしていることを知りあうことはもちろん、相手のよいところを知りあうことが効果的です。紹介するときには、「この人は○○が得意な人」とか、「私がこんなときに助けてもらっている人」というようによいところや得意分野を具体的に示しながら顔合わせをすると、第一印象がよくなります。このことは本人だけではなく家族に対しても同様で、本人のみならず、家族が大切にしていることを情報提供しながら関係づくりができるように、特性に合ったかかわりをしていく必要があります。

さらに、移行期は64歳から66歳という2年間くらい（もしくは64歳7か月から65歳6か月までの1年間）をかけてケアマネジャーが支援の軸としてフェードインし、相談支援専門員がフェードアウトしていくイメージでかかわることが大切です。つまり移行期はゆるやかにしていくべきであり、急激な移行は関係性の悪化につながることを意識してかかわらなければなりません。

③ ケアマネジャーと相談支援専門員、訪問看護師の連携

移行期に入ったころより、みどりさんが一時的に体調を崩すことが増えていった。そうなると受診同行の問題も出てくる。みどりさんだけでの受診では診察結果をうまく聞いてくることができなかったので、相談支援専門員が受診同行をしながら、息子の訪問看護師が日常的には状態観察をしていった。

移行期間のなかで、みどりさんは訪問看護師が自分のために何をしてくれるのか、**訪問看護の必要性を理解できていたので、介護保険に移行すると同時に、訪問看護を導入することができた。**訪問看護師が積極的に介入したところ、みどりさんはほとんど薬の管理ができていないこともわかってきたので、みどりさんを支えるチームに薬剤師も加わった。健康管理を訪問看護師が行う、薬剤管理は薬剤師が行う、サービスの調整と受診同行はケアマネジャーが担うことになった。移行期には、ケアマネジャーと相談支援専門員が連絡を取り合い、サービス調整や情報交換を行っていたが、移行してからは、**直接ケアマネジャーに訪問看護師等が情報提供をしたりするようにした。**相談支援専門員は徐々にみどりさんへの直接的なかかわりはしなくなってきたが、M事業所等で出会ったときには、話をしながらみどりさんを支えている。

介入のタイミングはここだ!!（ポイント④）

サービス調整の軸がケアマネに変わったので、連絡調整の仕方も変えていこう（ポイント④）

また、一家全員に支援が必要なので、みどりさんの担当ケアマネジャー、地域包括支援センターのケアマネジャー、訪問看護師、薬剤師、M就労継続支援B型事業所のサービス管理責任者、息子の支援者（相談支援専門員、訪問看護師、サービス管理責任者）、市の保健師が連携を取りながらかかわっている。

ポイント4　誰が情報をまとめるかをはっきりさせる

多機関・多職種がかかわるときや、世帯全員の支援が必要なときなどは、情報をどこに集約するのかをあらかじめ決めておくことが必要です。もちろん緊急時等の発信はそれぞれの職種からでかまいませんが、全体像を把握しておく人の存在は重要になってきます。

みどりさん一家の場合は、みどりさんを中心に考えると、情報の集約はケアマネジャーが担当すべきですが、一家の支援となるとケアマネジャーと相談支援専門員の協働が不可欠になります。場合によっては一家の支援の情報集約は市区町村の保健師が担ったほうがよい場合もあるでしょう。そのケースによって、「誰が情報を集約するのか」をチーム内で決めておくことが重要です。

事例のあとがき（振り返って気づく課題と後悔）

- 余命宣告を受けた（本人はよく理解ができていませんでしたが）みどりさんが、介護保険への移行という年齢を迎え、まずは移行すべきか否かも悩みました。また、移行にあたっては、要介護度がどの程度で認定されるのかわからない段階で、ケアマネジャーにどのタイミングで介入してもらうかも悩みどころでした。しかし、支援者が変わるということは、利用者にとって、取り巻く“人”という環境が変わる大きな出来事となります。環境の変化に弱い人たちを支援している私たちは、その変化をできる限りゆるやかにしていくべきではないかと考えます。
- 本事例は1年半くらいの時間をかけて、ケアマネジャーがチームにフェードインしつつ、徐々に相談支援専門員がフェードアウトしていきました。と同時に、変わらない支援者として訪問看護を導入できたことは、環境の変化を最小限にすることに大きな意味があったといえます。ただ、このようにかかわるには、支援者同士がお互いに、自分ができる部分より少しだけ範囲を広げて努力をすることが必要になってきます。この関係性を支援者同士がつくっておくことも必要であると感じています。

スキルに関する解説は、
p.129からです

ケース6

学校との連携の中心に本人を

支援ネットワークをつくる力は、関係する諸機関とともに相談支援専門員に求められる力です。しかし、その形成力の源泉、みなもとは何かと考えると、実は支援対象者とされる本人に宿る力であり、本人がもっている可能性ではないでしょうか。学校との連携は、いつも難しさを伴いますが、そこでもやはり本人（生徒）の力を中心に据えて進むことを大切したいと思います。

名前と年齢 光くん（男性、13歳、中学１年生）

障がい種別等 自閉スペクトラム症（ASD）

家族構成等 父41歳（会社員）、母44歳（専業主婦）、光くん（ひとりっ子）

生活歴 光くんはＳ市生まれ。出生時の体重3100g。母親は視覚に障がいがあるため３歳から保育園を利用していた。友達とうまく遊べないなどの課題があり、保健所のすすめで４歳から児童発達支援事業を利用し、小学校入学後は２年生まで放課後等デイサービスを利用していた。５歳のときに児童発達支援のすすめもあり精神科クリニックを受診し、ASDと診断された。

小学校は特別支援学級に通学。小学４年生になって本人の希望により新しい放課後等デイサービス（週３日）を利用するようになった。６年生からは通常学級に在籍し、中学校も通常学級に在籍。中学校生活も間もなく１年を迎えようとしている。IQが高く療育手帳は対象外。父親は若い頃の交通事故で下半身が不自由なため松葉杖を使用、建築会社の事務の仕事をしているが、週末は比較的休みがある。母親は専業主婦で、視覚障がいがあるため、日常の生活に苦労することがある。

これまでの経過 小学５年生になった光くんは、風邪で学校を休むことはあるものの大きなトラブルもなく小学校生活や放課後等デイサービスの活動を楽しんでいた。一方、母は、中学校も通常学級に行かせようと考えているもののスムーズに学校に行けるか、友だちとうまくかかわれるか、いじめはないか等々心配していた。

そのようななかで、利用中の放課後等デイサービスにこれらの悩みについて相談したところ、相談支援事業所を紹介された。ちょうど放課後等デイサービスの更新の時期でもあり、更新の手続きを含めて母が相談支援事業所に連絡を入れたことから相談支援事業所につながった。その後、光くんが中学１年生になる現在まで支援は継続している。

支援の経過

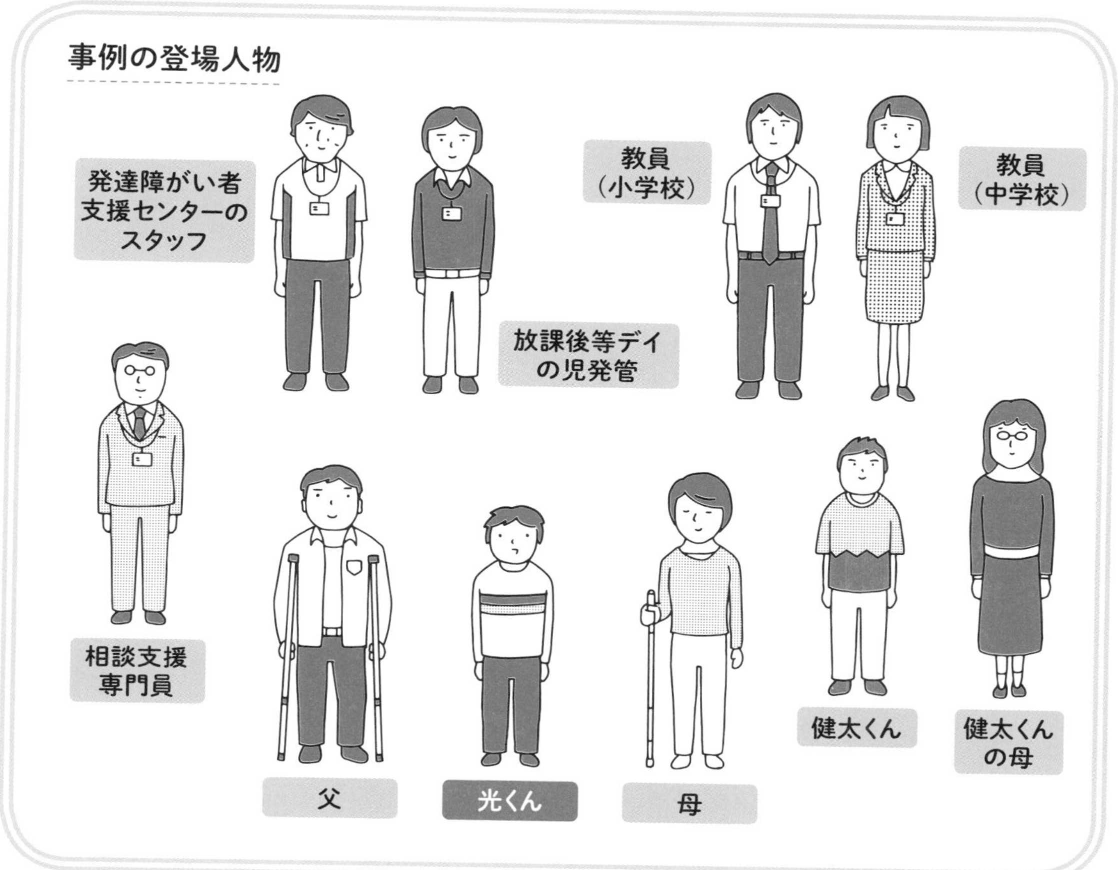

▸▸ ❶ 初めての家庭訪問

光くんが5年生になる直前の3月初旬、初めてお宅を訪問した。こちらの自己紹介や相談支援事業所の役割などを説明した後、家族や光くんのこれまでの歩み、学校や4月に更新がくる放課後等デイサービスの様子についてうかがった。母親からは、学校や放課後等デイサービスのこともあるが、今後光くんの将来のことも相談していきたいとの希望があった。

放課後等デイサービスについては、4年生から利用していて今年度は一度も休まず通っている。一対一の時間があるほか、本人のペースに合わせてかかわってくれており、母親は満足している。本人も楽しそうであり特に問題はないとのことだった。学校については、特別支援学級に在籍しながら、ほとんどの授業は同学年の通常学級のクラスで受けている。みんなに認められたい、負けたくないという気持ちが強く、本人は勉強をとても頑張っているとのことだった。学校からは通常学級に籍を移すことを提案されているが、両親は本人の気持ち次第と考えている。

光くんは頑張り屋さんだし、ご両親含めていい一家だなぁ（ポイント1）

小学2年生まで利用していた児童発達支援事業や放課後等デイサービスでクッキングをしていたそうで、そこで調理器具の扱い方を覚えたことから目が不自由な母親に代わり、調理や片付けの手伝いをよくしているとのことだった。話のなかから、その時々に光くんの話を両親それぞれがよく聞いていることがわかった。次回の訪問時にサービス等利用計画案を持参することとサービスの更新書類を代筆する約束をして訪問を終えた。

ポイント1　その子の強み、家族の強みの発見

この時点の光くんは小学5年生、11歳。ひとりっ子とはいえ、足が不自由なお父さんと目が不自由なお母さんのことを考え合わせると、11年の間、光くんが愛情深く育てられてきたことが想像されます。光くんも、ASDの障がいをもちながら、風邪以外は学校に休まず通っています。勉強を頑張り、お母さんの家事の手伝いもしているようです。

「障がい」というくくりでいうと、家族3人一人ひとりに障がいがありますが、そのことよりも光くん一家が大切している人としての価値観が伝わってきました。このような光くんの力や家族の価値観は、この先難しいことが起きたとしても、それらを切り開く源泉になると感じました。

▸▸② 6年生からの進路

4月に入ってから、光くんが約1年間利用している放課後等デイサービスを訪問した。担当スタッフによると、利用を開始した頃の光くんからは緊張と不安が伝わってきたが、最近はすっかり慣れてグループで一緒になるメンバーとのかかわりも増えている。あらかじめ決められたスケジュールどおりに進行されないと不安になることがあるが、自分で気持ちを抑えられるようになってきているとのことだった。

5年生の2学期、光くんの在宅に合わせて自宅を訪問した。母親から、学校や放課後の時間によく一緒に過ごしている健太くんのことを聞くことができた。健太くんとは就学前の児童発達支援事業からの付き合いで、その頃から近所の公園やお互いの家でよく遊んでいた。現在、健太くんは光くんと同じ特別支援学級に在籍している。健太くんは通常学級で勉強をすることはないが、**学校の朝、昼、帰りには通常学級から帰ってきて必ず健太くんと会っている**とのことだった。母親同士も仲がいいようで、現在も子ども抜きでもやりとりしているとのことだった。光くんに健太くんのことを聞くと、「ずっと遊んでいるし好きだよ」との返答である。

健太くんの存在が、光くんの心の支えなのかも
（ポイント②）

光くんに、「6年生からの学校生活のことはどうするのか」と尋ねると、「6年生になったら通常学級に行くよ」とあっさりと答えた。母親の話では、かねてから学校の先生からは通常学級に籍を移すことを提案されていて本人の気持ちに任せていたところ、この5年生の夏休みになって本人が、通常学級に行く、そのためにも「もっと勉強を頑張る」と話しはじめたとのことだった。

ポイント② 友だちづくりは小さいときから

小さいときから一緒に遊べる仲良しがいてよかったなぁと思います。また、おそらく光くんにとっての健太くんは、心の緊張を和らげてくるクッションではないでしょうか。

障害のある子どもに、家族以外の支えがあることは本人の人生にとって大きな意味があると思います。それは得ようとしても簡単に得られない場合が多いでしょう。光くんと健太くんの場合は、就学前から利用していた児童発達支援事業・放課後等デイサービスの事業所が子ども同士のつながりを重視していたとのことでした。子どもたちが仲良くなると、その家族も影響を受けます。友だちづくりも、児童発達支援事業や放課後等デイサービスの重要な役割といえるでしょう。

❸ 学校との会議①（6年生への進級に向けて）

5年生の2学期の終わりごろ、光くんが6年生から通常学級に籍を移すことが決まったことを受けて、相談支援事業所から学校に支援関係者で会議を開きたいと要望した。学校も小学6年生になると環境が変わるので家庭や放課後等デイサービスの状況を把握したいと考えていたとのことだった。会議の内容は、関係者の情報の共有と6年生になって特別支援学級から通常学級に籍を移すことによる配慮点であった。事前に母親からも直近の様子を聞いていた。

学校の先生と会議をもつことは難しい……（ポイント③）

学校からは、特別支援学級の担任と通常学級の担任が参加してくれた。学年主任も出席予定だったが急な会議が入ってしまい欠席とのことだった。こちらは担当の相談支援専門員に加え相談支援事業所の管理者も出席した。初めての顔合わせでもあったので、相談支援事業所の役割や現在の利用状況などについても丁寧に説明した。会議が行われた教室の黒板をお借りし、そこに板書しながら会議を進めた。

放課後等デイサービスの様子や家庭訪問について報告した後、学校からは最近の光くんの様子をうかがった。光くんには「人前で話す練習をしたい」との希望があったので特別支援学級では議長を任せている。また、学習発表会のオーディションがあり、準主役に選ばれてうれしそうにしていた。スムーズに話せないことはあるが、通常学級のクラスメイトは理解しており光くんの話を最後まで聞いている。このようななかで、全体として自信をもって学校生活を送れているように感じているとのことだった。勉強については、もともと通常学級のクラスのなかでもテストは平均以上の得点をとっているが、本人はそれでは満足できない様子がある。特に、6年生から通常学級に行くことが決まって以降、テストの点数を気にする傾向が強くなっているとのことだった。

放課後等デイサービスでは、「（特別支援学級と）バカにされるのがイヤで、自分で勉強の目標を立てて努力してるんだ」と話しているそうだった。光くんはもともと頑張りすぎる傾向があるので、6年生に進級してそれが過剰にならないような配慮が必要であることが話された。また、光くんのみんなに認められたい、負けたくない気持ちは尊重されるべきだが、「バカにされるから」勉強するのではなく、この先の光くんの夢や希望のために勉強するようなってほしいことも話された。さらに、そもそも特別支援学級やその生徒

学校や関係者と光くんの言葉や思いを共有したい（ポイント④）

がバカにされるべき存在ではないことを光くんと確認するとともに、一部だとしても「特別支援学級＝バカにする」という傾向があることも事実であり、**学校全体の課題としても認識**していくことも話された。

無理のない範囲で、しかし、わずかでも話題にしておきたい

相談支援事業所からは光くんの心のクッションとも言うべき健太くんのことを話題にした。光くんにとって健太くんの存在は大きいと推測されるが、通常学級に在籍すると特別支援学級の健太くんと会う機会がかなり減少するので、この点をどのように考えるか。話し合いの結果、6年生4月当初から光くん、健太くんそれぞれの様子をよく観察すること、特に光くんの心理的ストレスは注意深く見ていく必要があることが話された。合わせて、健太くんと会える機会は可能な限り保障しながら、通常学級内での友だちづくりも意識して取り組んでいくこととなった。

ポイント③ 言葉を確かめ文化を交流

一般に機関同士の連携や合同の会議はたやすいものではありません。まして、領域が違うと一層その困難性は増します。相談支援事業所と学校などの福祉と教育、さらに福祉と医療、福祉と司法、福祉と行政等々。専門分化することによりその専門内に収まることは深まりますが、その一方でその深化に比例して他者との共有、協働は難しくなっていきます。

相談支援事業所が学校と連携しようとするときも同様に、時に厚い壁を感じます。こちらが壁を感じるということは当然相手も壁を感じていることでしょう。まずは短時間でもよいので顔を合わせられる機会をつくることが大切です。顔を合わせることで何かがはじまる可能性は高くなるはずです。

連携を阻む要因には言葉の違い、文化の違いもあります。初顔合わせには管理者も出るなど、その会議に出席するメンバー構成も重要です。また、せっかく会議が開催できても通じ合えないことも起きます。黒板やホワイトボードを積極的に活用するなど、交わされている言葉の意味や指している行動の意味などを場にいるメンバーで共有する工夫も大切でしょう。このような繰り返しのなかで、違う文化同士も少しずつわかり合えていくのではないでしょうか。

ポイント4 目の前の子どもから共通の価値観探し

「人からバカにされるから勉強するのではない。自分のために勉強していこう」。

ここには大切な価値観が含まれています。何かについて大切な価値観を誰かが押しつけるのではなく、そこのいる当事者自らが、共通してかかわっている子どもの言葉や思いから考えて、行き着くことが大切でしょう。「特別支援学級＝バカにする」という学校全体にかかわる課題も同様です。しかし、これらの解決はとても難しく簡単ではないと思います。きれいごとだとすまされるかもしれませんし、それこそ文化の違いが前面に出てくるかもしれません。しかしここは一番、たとえすぐには合意に行き着かなくても、相談支援専門員がしぶとく頑張って食い下がっていくところではないでしょうか。

④ 6年生になって

特別支援学級を離れて6年生からは通常学級で学ぶ光くん。4月末に放課後等デイサービスから情報を得た。学校で「ちょっとイヤなことあった……」とボソッと言うこともあるが、学校では目一杯頑張っており、放課後等デイサービスでは勉強にとても集中しているとのことだった。同じ時期の母親からの話では、担任の先生もクラスメイトもみんないい人で通常学級にはスムーズに通学できている。友だちと漫画を書いているようで、それを担任がコピーしてみんなに配ってくれたりしている。母親は「普通に接してくれておりありがたい」と話していた。6年生になって、できないこともあるが気にしなくなったそうで、切り替えが早くなったとのことだった。

6年生の夏休み、情報共有を主目的に通常学級の担任、放課後等デイサービスの担当者と会議を開いた。学校からは、光くんもクラスメイトもこれまで長く時間を過ごしてきたこともあり大きな混乱や問題が起こったことはない。勉強はテストでもクラスの真ん中以上の点数をとっているが光くんは相変わらず「不満」と話している。給食委員会の委員長に立候補したものの落選し落ちこんだが副委員長になり、「頑張ります」と自分で気持ちを切り替えていた。放課後等デイサービスからは、同じ曜日の子どもたちは仲間だと思っており、異年齢の子どもたちともかかわりが多い。光くんが冗談を言って周りの子が笑うとうれしい気持ちになっている様子。**放課後等デイサービスでは「等身大の自分」として過ごせているのではないか。学校と放課後等デイサービスを使い分けており、それによってバランスをとっている**と感じているとのことだった。

等身大の自分は大事（ポイント⑤）

この会議中、スクールバスの中でのエピソードが話された。ある日の登校時、乗り合わせた外国人の生徒の肌の色をバカにした生徒がいたので「口の利き方、考えたほうがいいよ」と光くんが注意した。そのときに「おまえ、特別支援学級にいたのに頭いいよな」と言い返され、すごくイヤだったと話したとのことだった。このやりとりのなかで、正義感が強い光くんらしさを認識したと同時に、他者からはいわゆる「優等生」と見られる発言が時々あり、優等生と見られたい光くんもいるかもしれないと話された。他者からよく見られたいことは決して間違いではないものの、場面によってはふさわしくないこともあるので、状況が許す限りその場で光くんと他者への伝え方について話し合っていくことが共有された。また、学校の生徒のなかにある特別支援学級やその生徒への偏見についてあらためて課題が確認された。

ポイント⑤ 安心できる場・人

6年生に進級し、特別支援学級に在籍している健太くんと会う機会が減ることを心配していましたが、どうやら今のところは放課後等デイサービスの仲間とのやりとりでそれは解消されているようです。放課後等デイサービスは4年生から利用しているので随分と慣れているのでしょう。通常学級の生徒も光くんを1年生から知っていますし、担任も5年生から持ち上がって2年目の付き合いであることも大きいのだと思います。また、現在の担任は前任校で特別支援学級担当だったことも光くんへのかかわりに影響を与えていると思われます。ただし、学校の先生は1～2年のお付き合いになることもありますし、先生によっては障がいの理解が不十分である場合もあり、相談支援専門員としては苦労するところです。頑張りすぎる傾向のある光くんですが、放課後等デイサービスのなかで等身大の自分を出せることでうまくバランスが取れているようです。

▶▶ ⑤ 学校との会議②（中学への進学に向けて）

6年生の9月、自宅を訪問し、母親と面談した。光くんと両親は中学への進学について何度か話し合っていた。そのなかで最近ははっきりと「F中学の通常学級に行く」、中学で「いちから友だちを見つけるよ」と話しているとのことだった。母親からは、中学校に進学したときに勉強内容や学校生活、進学時の放課後等デイサービスの利用について悩んでいるとのことだった。中学進学は、6年生のときの特別支援学級から通常学級への籍の移行以上に大きな変化なので、学校や放課後等デイサービスと相談して時期を見て関係者で会議が開けるよう調整していくことになった。通常学級の担任に相談したところ、中学校の体制に目処がつく年明け2月頃に会議を開くことにし、中学校側に打診してくれた。

2月初旬、小学校で中学校の担当、放課後等デイサービスを交えての会議が開かれた。最初に中学校に対して、光くんの生い立ちやこれまでの支援経過、学校でのかかわり等について報告された。困っている人は助けたい・守ってあげたいという光くんの強みである正義感や優しさ、真面目で一生懸命なところがエピソードを交えて話された。また、頑張りすぎてしまう傾向が強いことやクラスメイトとうまくコミュニケーションが取れないことがあること、ASDの特性を理解しておく重要性も話された。中学校側からは、中学校は小学校と違い、教科ごとに担当教員も教室も変わることや自分で考えて行動するように求めることが多いことが話された。光くんも両親も、光くんの障がいをオープンにしているので、中学校のクラスでも小学校のときと同じように光くんの障がいや特性を理解することの重要性が確認された。

光くんはどう対応していくか？（ポイント⑥）

会議を通して、中学生に光くんの障がいや特性をわかりやすく伝えられる資料を3月末までに用意することが決まり、放課後等デイサービスと相談支援専門員が中心になりつつ関係者で協議していくことになった。また、同時に大きく環境が変化する中学校生活を見越して、家庭、学校、放課後等デイサービスで必要な準備を光くんと一緒にしていくことが確認された。

ポイント⑥ 学習環境と合理的配慮

コミュニケーションを取ることが苦手な光くんの学習環境が大きく変わることは、ある意味大事件です。それでも、それは光くんが自分で選んだ道です。中学校生活は、光くんに新たな課題を突きつけることになります。同時に、学習環境を提供する側にとっては光くんに必要な「合理的配慮」をどのようにしていくかという課題にも突き当たります。中学校の先生が話されたように、小学校と中学校では学習内容の違いだけでなく、教科担当教員、教室、自己判断の重要性など、様々な違いが出てくるでしょう。

光くんにはASDという障がいがありますが、例えば、視覚や身体の障がいをもっている生徒に対してはどのような学習環境が用意されるのか。合理的配慮が学校の中でどのようになされていくのか。生徒により個別性が高い分、大きな課題があると想像できます。しかし、すぐには解決できなくても課題をないものとせず、その地域の関係機関の間で解決すべき課題、未解決の課題として認識したいものです。また、中学校のクラスメイト等に向けた光くんを理解してもらうための資料が準備されることになりましたが、このようなソフト面での合理的配慮も検討されるべきでしょう。

⑥ 中学校生活がスタート

中学校に進学して3か月後の7月、久しぶりに光くんの母親から話を聞いた。母親によると、4月早々みんなに認められたいとの思いから学級委員になり活動している。最近、合唱部の練習を見学して、そのときに聞いた曲がかっこいいと言って入部した。6月のテストは学年で上から3分の1くらいで全生徒の平均以上の点数が取れているが、光くん自身は「思っているより悪かった」とのことで、9月のテストに向けてすでに頑張りはじめているとのことだった。相変わらず何事にも一生懸命で、担任の先生がうまくセーブしてくれているが、光くん本人は「ぼくは頼りにされてない」と思ってしまうことが多いと話しているという。

学校以外では、放課後等デイサービスを週1回、学校が早く終わる曜日に利用しており、勉強を見てもらったりスタッフに学校であったできことを話したりしている。土日は「1人の時間がほしい」と希望するので、両親は2時間程度外出するようにしている。自宅にいながらネットカフェを楽しむ感覚かなと母親は思っているとのことだった。全体を通じて、光くんなりに小学校時代のようにバランスをとる工夫をしているようだし、ここまでは大きな変化にもかかわらず順調な印象を受けた。

こちら（相談支援専門員）はなかなか会えない…（涙）
（ポイント7）

ポイント7 定期的に利用している福祉サービスは大事

児童発達支援事業、放課後等デイサービスの利用に関する標準的なモニタリング期間は6か月に1回です。半年の間に子どもも家族や学校等の取り巻く環境も多く変わってしまいます。光くんのモニタリングも放課後等デイサービスの標準に合わせて6か月に1回でしたので、半年の間、状況の把握は手薄になりがちです。毎週利用している放課後等デイサービスから情報をもらうことは相談支援専門員にとっても重要なことです。とりわけ光くんの場合は、心のバランスをとる場でもあるだろう放課後等デイサービスですので、そこでの様子は確実に把握しておきたいところです。

▶▶ 7 学校との会議③（中学校生活のリスタート）

4月から順調に過ごしているように思われた光くんの中学校生活だったが、冬を目の前にして少し難しいことが表面化してきた。11月中旬、母親から大変困っていることがあると電話があった。光くんが3日間学校に行けないことがあったとのこと。母親はここまで順調だったので驚いたと話す。詳しく内容を聞くと、前日に学校の準備はするものの朝になると大泣きして行けなくなる。両親それぞれが光くんの話をじっくり聞いたところ、学校に行きたくない一番の理由はテストの点数が悪かったことで、それ以外ではグループでの活動が苦手であることや「友だちがいない」ことだと話したそうだった。学校に行けなくなってから4日目、父親と一緒に学校に行き、担任と話をした後は通学できているとのことだった。

ちょうど放課後等デイサービスの更新の時期でもあった。今の光くんの状況を理解するために母親も交えて関係者で会議をしたいと考え、放課後等デイサービスと中学校に連絡を入れた。また、**相談支援事業所内のケース検討の結果、より光くんの特性を理解するために発達障がいに関する専門機関にも参加してもらえるように準備した。**12月上旬、母親と放課後等デイサービスのスタッフ、発達障がい者支援センターのスタッフとともに中学校を訪れた。

> **自分たちが持ち合わせていない専門的な力がほしい**
> （ポイント⑧）

母親から家庭での様子を報告してもらった後、学校からもこの間の経過と現在の様子を報告してもらった。現在の光くんは、登校はしているものの教室にいられる時間は少なく、終日保健室で勉強することもある。担任は、一日に1回教室に入れたらOKと話したところ、昨日は泣きながら一日教室にいたそうである。光くんがつらそうにしている原因で思い当たるのは、テストの点数は相変わらず悪くはないものの、本人が設定した点数に届かず悲観的にとらえていることが考えられた。その他にも楽しんでいた合唱部で音程がうまく取れず1人で練習するように指示が出てその後に辞めてしまったこと、クラスメイトは光くんのことを理解しているので声をかけようとするが、休み時間に勉強をしてしまいクラスメイトは話しかけられないでいることなどが報告された。

発達障がい者支援センターも交えた話し合いのなかで、光くんは勉強など頑張れることが多いし、母親の手伝いもよくできる反面、学校では自分で決めた成績に届かないときや他の生徒ができて自分がうまくできないことがあるときに「失敗」ととらえ、途端にもろくなることが話された。「失敗か成功か」、「ゼロか100か」と受けとめてしまい、できていたことまで見失ってしまう。その結果、失敗から立ち直ることができず切り替えもうまくできない。会議を通して、今の光くんの課題が明らかになっていった。

このようななかで、学校生活では光くんが少しでも授業に参加できることを大切にすることが確認された。具体的には、まずは光くんが出られる授業を時間割で確認しながら本人と話し合い、その結果に基づいて登校してみること。話し合いは前日に母親にお願いし、その結果は母親から担任に伝えてもらうこと。学校では授業の参加が難しい時間は保健室で過ごしてもOKとすること。教科担当の先生とも状況を共有すること。放課後等デイサービスでは、光くんが来所したときにはリラックスして話せる機会を増やすこと、相談支援事業所は福祉サービスの更新にあたって光くんと一緒にプランを作成すること、モニタリングの期間も6か月から毎月に変更するように行政と話し合うことを決めた。こうして、関係者が顔を揃え、光くんの中学校生活をリスタートさせられるように努力することになった。

ポイント⑧ 困ったときには外部の力も借りてみよう

相談支援事業所内のミーティングで光くんのことはたびたび話題にし、他の相談支援専門員からも意見をもらっていました。大きな節目であった中学校生活も順調に滑り出していたので安心していた矢先、学校に行けなくなったとの知らせは、担当相談支援専門員を驚かせました。事業所内でケース検討をして、再度光くんのアセスメントを行いましたが、発達障がいに関してはもっと専門的なアドバイスがほしいという結論に至りました。また、そのようなアドバイスを、特に学校と共有することが重要ではないかと話し合われました。困ったときには、外部の力を借りて自分たちにはないものを補うことが重要ですが、そうできる関係機関と日頃から連携していることも大切でしょう。

▶▶ ⑧ ネットワークの基盤づくり

中学校で開かれた会議以降、母親を含めてそれぞれ役割を発揮していった。登校日の前日、翌日に参加できそうな授業を自分で決めた光くんは気持ちが楽になったようで朝はすっきりとした顔で登校し、6時間中3時間の授業を受けるなどし、それ以外の時間は保健室で過ごすようになった。朝と帰りのホームルームに参加できる日も増えてきた。

一方、相談支援専門員の役割である福祉サービスの更新に向けて光くんと**一緒に計画書の案を作成することにも取りかかった。**最初に、自分の気持ちや希望、困りごとなどを表明したり整理したりしやすいように相談支援事業所で独自に用意した「自分の気持ちノート」を活用したことで、見えにくい光くんの内面を教えられた【シート1】。その場で話し合いながら光くんと一緒に計画書の案も作成した【シート2】。ノートや計画書は、家族はもとより学校などの関係機関にも配付して内容を共有した。この光くんが作成したノートと計画書は、これ以降の会議を通して光くんを応援するベースとなり、ネットワークの力のみなもとになっていった。光くんの言葉は、文化の違う支援関係者のなかで共通する言語となっていくのではないかと感じた。

もう中学生だし、一緒にプランを作ってみよう！
(ポイント⑨)

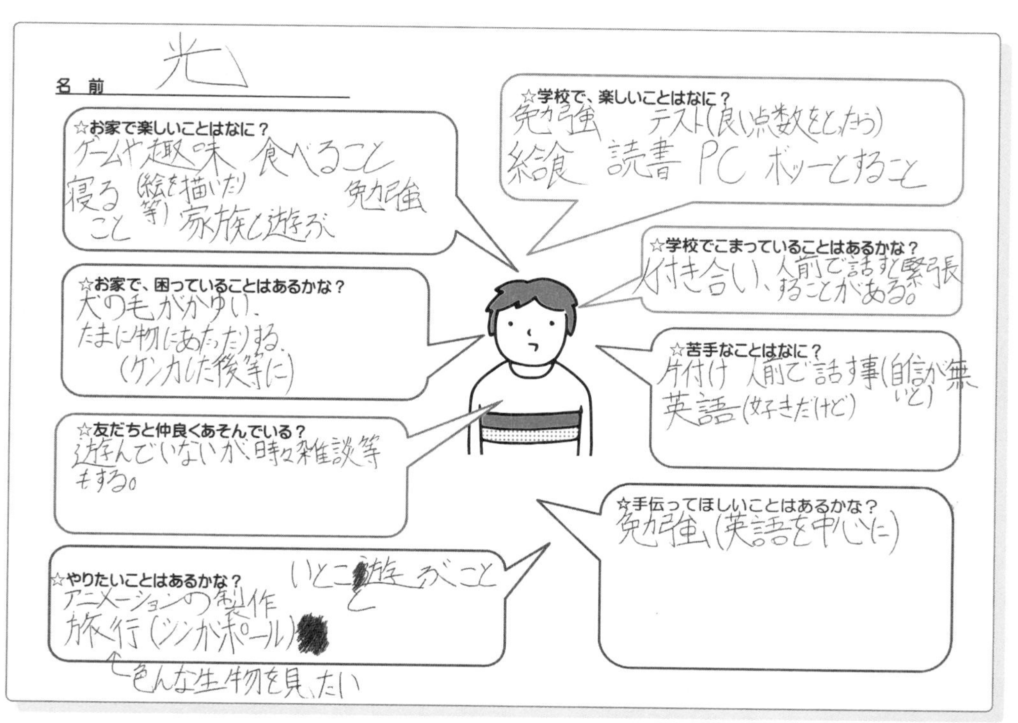

シート1

サービス等利用計画案（計画様式１－１）

作成日	令和　年　月　日	利用者同意署名欄	

利用者氏名	○○ 光	障害支援区分			円	相談支援事業者名			
受給者番号						計画作成担当者名		電話	

◎利用者との面接

面接日	令和　年　月　日	利用者以外の面接者	利用者の家族（　母　）　その他（　）
面接日	令和　年　月　日	利用者以外の面接者	利用者の家族（　）　その他（　）

◎生活に対する意向、援助方針

利用者及びその家族の生活に対する意向	（光くん）・学校に一人くらい気軽に話しかけたらおしゃべりができる友だちがほしいな。（男女は問わない） （家族）・スムーズに学校に行けるようになってほしい。 ・友だちとかかわれるようになってほしい。
総合的な援助の方針	【毎月モニタリングを実施します】 ・学校への不登校等により、心身の変化のおそれがあるため、ご家族のご希望をお聞きしながら、光くんが適切な援助を受けられるよう関係機関(中学校・放課後等デイサービス等）と連携しながらお手伝いします。
長期目標	・友だちに話しかけられるようになる。（雑談ができたらいいな）
短期目標	・朝は「おはよう」、帰りは「バイバイ」と近くの友だちに言ってみる。

■毎月実施	支給期間開始月から　か月
□6ヶ月ごとに１回実施	

保健福祉部受理日	令和　年　月　日	福祉支援 保健支援 担当者	

シート２

一日のうちに数時間は授業に参加できるようになってきたが、友だちがほしいのに、休み時間に１人で教科書に向かいクラスメイトが話しかけづらい光くんの状況も大きくは変わっていない。参加できない授業の遅れを心配している母親もいる。それでも、まだ中学１年生。人生はまだまだこれからである。障がいがあるゆえに難しいことにいろいろ直面するであろうが、まずは一緒に作った計画案で自ら語った「友だちに話しかけられるようになる」「雑談ができるようになる」ことに挑戦する光くんを、相談支援専門員も関係者と一緒に応援したい。そして、その延長線上に、最初に母親が相談したいと話していた「光くんの将来のこと」もあるはずである。

このまま相談支援事業所との契約が続くとすると、この先も光くんの人生にかかわることになる。その時々の光くんの応援の基盤となり、ネットワークの力の源泉になるのは、彼と一緒に作る計画書であるし、そうできる相談援助を展開していくことが相談支援専門員の役割であろう。

ポイント⑨ 光くんの力を信じて一緒に作ろう

当初は、光くんと計画書の案を一緒に考えることは頭にありませんでした。しかし、実際に取り組んでみると思いのほか光くんがしっかり取り組んでくれて驚きました。新しく用意した「自分の気持ちノート」でも計画案でも、光くんは自分の言葉でしっかり表現してくれました。光くんの新たな一面の発見です。これからの中学校生活をどう送っていくのか、その先はどこに向かっていくのかはわかりません。しかし、光くんが自分自身で作成する彼の計画を、私たち相談支援専門員は横から応援していきたいと思いましたし、この先も彼が計画を作る機会をつぶしてはいけないと思いました。

事例のあとがき（振り返って気づく課題と後悔）

- いまから振り返ると、何か事が起こってから学校と連携することが多くなっていました。そうではなくて、事件が起こる前に関係者と話し合ったり、日常的な連携だったりが必要だったと思っています。
- 光くんの場合は学校とうまく連携を取ることができましたが、このようなケースは多くはありません。くじけず、焦らず、地道に文化の交流を進めていくことが大切だと思います。
- 小学5年生からのお付き合いなのに、中学1年生になって、初めて「自分の気持ちノート」を利用したり、一緒に計画案を考えたりなどしました。遅すぎました。もっと早く取り組むべきでした。上記の課題を解決していく糸口は、いずれも光くんがノートや計画書などで表現した、光くんの自身の言葉なのだと思います。

スキルに関する解説は、
p.141からです

ケース7

地域移行支援後の自分らしい暮らしを多職種で支える

「本人の病状の落ち着かなさ」「家族の支援力の低下」「家族環境の変化」により長期入院となっていた状態から、病棟看護師長からの発信により、地域移行支援、地域定着支援をすすめた事例です。地域移行支援のときから、相談支援専門員は訪問看護師の協力を得ながら、一緒に退院後の生活を考えました。本人を中心に、医療と福祉両面から見える専門的アセスメントを共有し各々が発揮することが大切だと思います。

名前と年齢 山口幸子さん（女性、54歳）

障がい種別等 統合失調症　発達障がい

家族構成等 本人と両親・娘の４人暮らし

生活歴 小・中・高と地元の学校を卒業し、短大に進学。英語が大好きで留学したいという希望をもっていたが大学２年生のころに統合失調症を発症。入院治療のため、１年間の休学を経て短大を卒業。以後地元に戻り事務員として就職した。23歳のときに、突然「外国に行ってくる」と家を飛び出し、帰ってこなかった。数日後、警察に保護されたが、本人の言うことが支離滅裂なため警察が家族に連絡し、家族が迎えに行って帰郷する。その後、精神科病院を受診。２か月の入院治療後に退院。以後、入退院をくり返している。４回目の入院時に知り合った男性と結婚。子どもをもうけるが、出産後すぐに離婚する。娘は幸子さんの両親が養育した。本人は、仕事に行き始めると、１～２か月で服薬中断、病状の再燃というパターンをくり返しており、症状が悪いときには、行政窓口で暴れたり、近所の家に勝手に上がったり、早朝より道端で倒れていたりという状態で、両親は困惑していた。幸子さんは、英語・占いが大好きで、自分の名前の字画が悪いといって改名もしている。

12年前より精神科に定期受診をするようになった。以後、福祉サービスにつながったこともあったが長続きせず、いたるところで対人トラブルを起こし、警察が介入することも多かった。この間、短期間（1か月程度）の入退院をくり返す。

　6年前に自殺企図があり入院。入院期間中に父親が手術をすることになったために、退院できずにいた。長期入院に至った要因は外泊のたびに家族への暴力があることや、娘の進学問題で、家族が受け入れ困難であったこと、病院内でも興奮状態になることもあり、症状の安定が図れなかったことである。

これまでの経過 今回の入院は、娘とのけんかがきっかけで自殺企図をしたことにより、以後6年間の入院生活を送っている。病棟の看護師長より、「本人が強く退院を希望している。思春期の娘がいるからと、家族は退院に反対しているが、娘の進学が決まった今が退院できるタイミングだと思う。病状は落ち着かないけれど、1週間でも2週間でも家で暮らすことができたらと思っているので、手伝ってほしい」と相談支援専門員が相談を受け、地域移行支援がスタートした。

支援の経過

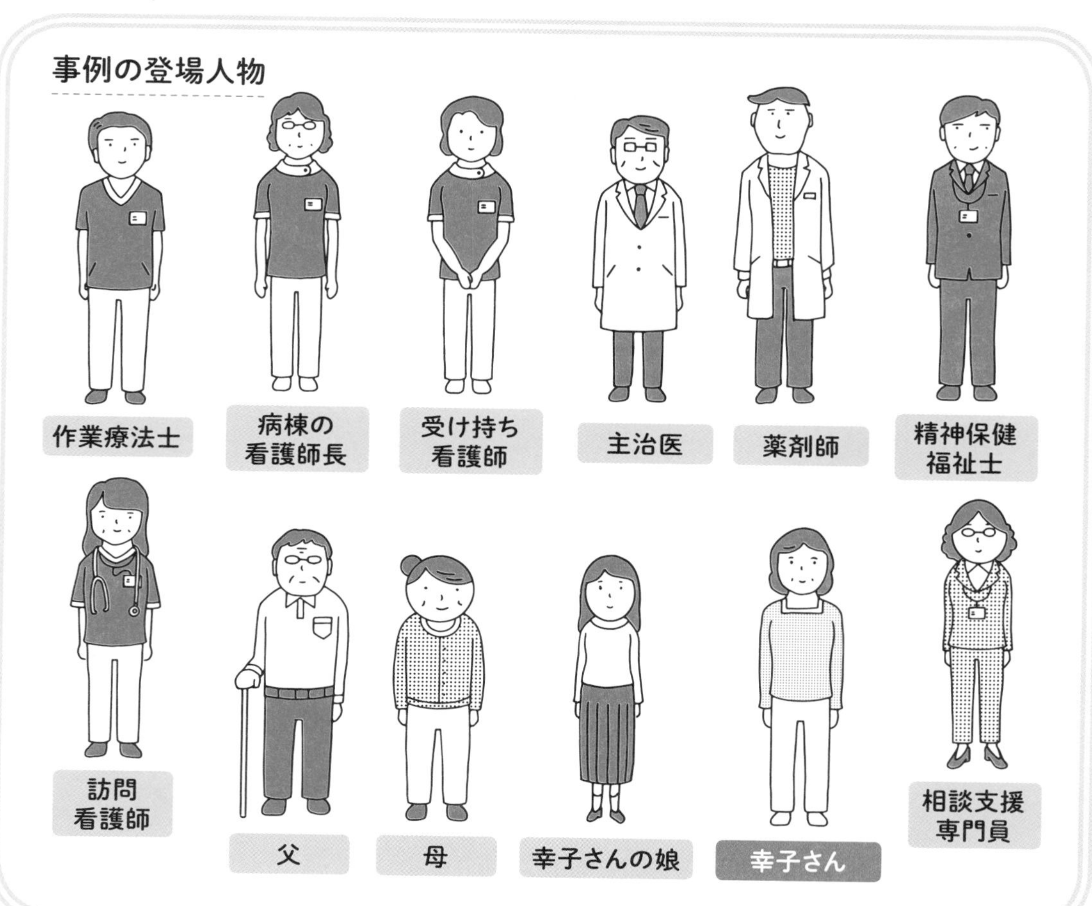

①関係性の構築

幸子さんとの初回面接は、病棟の面会室で、幸子さん、病棟の看護師長、相談支援専門員で行った。幸子さんはとてもフレンドリーに相談支援専門員に話しかけてきた。相談支援専門員のことに興味があるのか、血液型や星座等と聞いてきて話は弾んだ。しかし一方で、「自分には支援はいらない。すぐにでも退院できる」と話し、**地域移行支援の申請には至らなかった。相談支援専門員は毎週1回病棟を訪問し**、幸子さんに短時間でも会うことをくり返した。幸子さんは1回も拒否することなく、面会時はいつもフレンドリーに対応してくれた。相談支援専門員は、幸子さんとの会話は幸子さんのペースに合わせた。**1回の面談は30分以内として**、幸子さんの希望を聞いていった。幸子さんはとにかく家に帰りたいと訴えた。

> **断られたのに訪問し続けるのはつらいかも……?**
> （ポイント②）

> **せっかく訪問したのに、訪問時間が短くない?**
> （ポイント①）

ポイント① 信頼関係をつくる

対人関係をつくることの苦手な人との関係づくりのコツは、利用者のペースに合わせるということです。また、利用者自身の言動に相談支援専門員があまり惑わされないことが大切です。常に平常心を保ち、利用者のよいところを探すように努めましょう。最初は短時間でも回数を重ねることが大切です。利用者自身に「またこの人と話がしたい」と思ってもらえることが重要で、その時間を重ねながら関係性を強めていきましょう。

▶▶ ② 自宅への外泊をくり返しながら自宅退院を目指す

幸子さんの退院について家族の拒否感が強く、家族はグループホームへの退院を希望したが、本人は自宅への退院を強く希望した。そこで、相談支援専門員は、**自宅に退院するための支援を組み立てた。**そのための準備として、**家族の気持ちを和らげるために、外泊をしながら支援がどのように入るかを確認してもらえるような計画を立てた。**

本人の希望に寄り添うことが大切だけど、家族の意向を無視してよいのかな？（ポイント②）

外泊時はまずは、病院からの退院前訪問指導を利用し、外泊時に病院の看護師が訪問し、本人とのやりとりを家族に見てもらった。また、病棟では本人を中心に受け持ち看護師と多職種と一緒にクライシスプランを作成した。同時に幸子さんの信頼していた病棟師長が疾病教育や服薬指導を行った。**相談支援専門員はクライシスプランを作成するときに時間の許す限り同席し**、幸子さんと病院内多職種とのやりとりを見守った。2か月間、1か月に1回、2泊3日の外泊をくり返し、その後、1か月に1週間の外泊を行った。このころから、退院後に訪問看護を依頼する訪問看護ステーションからの訪問を依頼。関係づくりも含めて退院前訪問指導を実施してもらった。訪問看護ステーションからの退院前訪問指導は、1回の入院に限り1回しか算定できないという事情もあったが、算定なしで協力してもらいながら3か月間行った。幸子さんは外泊から病院に戻ると興奮状態となり隔離されることもあったが、**病棟スタッフもあきらめず、自宅への外泊をくり返しながら退院準備をした。**家族は幸子さんの退院についてはなかなか了解をしなかったが、家族の前でクライシスプランを訪問看護師と相談支援専門員が一緒に確認したり、幸子さんの気持ちを聞いたりしながら進めた。しぶしぶ家族が出した結論は、2週間自宅で過ごしてみて、大丈夫だったら退院を受け入れるということであった。

結構、時間もかかるし、大変かも…

日頃の関係性で無理なことを引き受けてもらえた（ポイント③）

そこで、次の段階として退院後に利用できる支援サービスを実際に使用してみる形で2週間の外泊をした。外泊途中でも調子が悪くなれば外泊が中止できるように、幸子さんにも家族にも説明した。2週間の外泊はうまくいき、次の段階をどうするかを検討した。家族は何回かくり返したいと希望したが、幸子さんは「大丈夫だから退院させてほしい」とくり返し訴えた。**相談支援専門員は、本人・家族を交えてケア会議を開催した。**ケア会議の場では、本人は「退院したい」、家族は「まだ何回か練習をさせたい」、主治医は「入退院のくり返しになる可能性は高いが退院してもよいのでは」、病棟看護師は

とにかく、みんなで話し合うしか家族を説得する方法はないかも。方向性の下話は会議前に必要かな（ポイント⑦）

「本人が退院したいというタイミングで退院を考えたい」、訪問看護師は「外泊中に訪問看護を入れるのは限界もあるし、退院してもらって訪問看護に入りたい。現状だと家でも生活はなんとかできると思う」、相談支援専門員は「自宅退院をしてもらいたい。本人が希望されないので、通所系の支援は入らないが、受診の支援等もあるので、自立生活援助でかかわりたい」とそれぞれが話した。相談支援専門員は加えて、自立生活援助で何ができるのかを丁寧に説明した。また、訪問看護の回数についても検討された。家族はしぶしぶ納得し、退院が決まった。

ポイント2 利用者の気持ちを最優先する

相談支援専門員は、利用者自身の気持ちをしっかり聴くことが大切です。同時に家族の思いも聴く必要があります。利用者と家族の意見が食い違うときには、両者の意見を聞いたうえで一緒に検討はしていきますが、利用者の気持ちを大切にしながら話を進めていくことが大切です。

ポイント3 日頃の良好な関係が支援の幅を広げる

関係機関との連携は、日頃より「お互いさま」の関係の積み重ねです。お互いが思いやりの気持ちをもって日頃からかかわっておくことで、通常では無理なことでも「○○さんの頼みなら何とかしてみよう」と思える関係性がつくられます。この関係性により、ボランティア的なかかわりもできてきます。それをもとに、フォーマルでは難しい支援ができ、利用者への細やかな支援につながることもあります。

▶▶ 3 退院後の地域定着支援

退院後の支援として、退院前カンファレンスで確認したように、相談支援は月1回のモニタリング、自立生活援助で月2回以上の支援、訪問看護を週1回という形でスタートした。自立生活援助では、今までうまく利用できなかった地域にある資源（地域活動支援センターや図書館など）に同行しながら利用方法について一緒に考えたり、行政窓口に一緒に行って手続きをしたり、それぞれの場所のスタッフとのつなぎをしたりした。訪問看護師は、クライシスプランを見ながら幸子さんと一緒に今の状況を確認したり、病棟で行っていた疾病教育の資料を見ながら本人の気持ちを聞いていった。また、一緒に家の近くを散歩しながら、家族に対する思いを聴いたり気分転換を図ったりした。

幸子さん自身のことを周りの人に知ってもらうことが大切では？
（ポイント⑥）

一方で、家族から家での様子を聞きながら幸子さんへのかかわり方について話をするなど家族支援も行った。病棟師長や受け持ち看護師は、受診日には外来に行って本人と話す時間を作ってくれたり、家族の電話相談にも応じてくれた。相談支援専門員は、それぞれのサービスがどのように行われていて、幸子さん自身がどのように受けとめているのか、各機関のスタッフがどのようにアセスメントしかかわっているのかを１か月に１回以上確認し、受診日には同行して診察場面に同席しながら家での様子を伝えた。

情報も共有が大切。それぞれの専門職の専門的アセスメントも共有しなければ……
（ポイント④）

ポイント4 専門的アセスメントを共有する

多職種が協働する意味合いの一つとして、それぞれの専門職がそれぞれの視点でアセスメントすることにより、多角的な視点が得られるというメリットがあります。それぞれの違う視点でのアセスメントを共有することで、支援者同士の学びやお互いの成長にもつながります。ひいては、利用者の支援に幅ができ、隙間のない支援体制が構築されます。

また、相談支援専門員が自分ではできないことやわからないことについては、他の専門職の力を借りることが大切です。つまり、「わからないことはわからないから教えてほしい」と専門家に聞くことや、自分ではできないと思うことは、人の力を借りて対応してもらうことが大切です。人の力を借りられるということは、相談支援専門員の力でもあるのです。

④ 危機介入

自宅に戻って2か月くらい経過したころに、突然幸子さんが夜中に家を飛び出すということが起こった。両親は、また外国に行くつもりではないかと心配して相談支援専門員に連絡した。同時刻に警察から家に電話があった。コンビニで不審な行動をして通報されたらしいことがわかった。相談支援専門員が幸子さんに話を聞くと、「両親がいなくなったことを考えたら急に不安になった。携帯電話もないし近くの公衆電話がどこにあるかを探しに出かけた」と話した。相談支援専門員は**目的があって外出したことを幸子さんと家族と一緒に確認して、どうすればよかったか、これからはどうするかを話し合った。**幸子さんは「夜中に歩いて出たら少し怖かったので、心配なことがあっても夜中には行動しないようにしたい」と話した。しかし家族は「自分たちももう年なので、こんなことがたびたびあるようでは家で一緒に暮らすことはできない」と話した。相談支援専門員は、**家族の不安な気持ちを受けとめながら、不安を減らすためにはどうしたらよいかをみんなで話し合う機会をもつことにした。**個別支援会議の後でクライシスプランは変更され、幸子さんが不安になったときや困ったときの連絡先が明確化された。訪問看護師は幸子さんが自宅で生活するなかで、一見自由にふるまっているように見えるが、実際には家族に遠慮しながら気を使いながら頑張って生活しているようだと話し、在宅生活を継続するために、ストレスの発散やストレスの軽減がはかれる工夫はできないかと問いかけた。**幸子さんはその言葉に何となくほっとしたような表情を見せた。**幸子さんのなかでは「また入院させられるかな」という思いがあったことを会議の後で相談支援専門員は確認した。

> **行動には意味があることを意識して、本人の想いに耳を傾けたい**
> （ポイント⑤）

> **相談支援専門員だけでは解決できそうにない、ほかの人の力を借りよう**
> （ポイント④）

> **本人が一番不安だったのかもしれない**（ポイント⑤）

それから1か月くらいたった頃、幸子さんが2階の自分の部屋からロープを垂らしていることを訪問看護師は見つけた。どうしたのかと聞くと「火事になったら娘を逃がさないといけないと思って」と幸子さんは話した。両親は「また突然変なことを」としかめ面をしていたが、訪問看護師が話を聞いていると、数日前の大規模火災のニュースを見たことが刺激になっていることがわかった。訪問看護師は災害に備えて準備をすることはよいことだと本人の行動を認めながら、家族に対する思いの深さを再確認して、両親にも伝えた。ここでクライシスプランには、テレビ等でくり返し放送される映像が幸子さんにとって刺激になること、その刺激が行動化につながることも書き加えた。そして、**クライシスプランを関係者と一緒に確認し、自分の状態に**

よってどのような支援をしてほしいかを明確にして、個別支援会議で共有できるように相談支援専門員は調整した。一つひとつの出来事のキャッチは毎週訪問する訪問看護師が行い、それをもとに相談支援専門員や訪問看護師が幸子さんの気持ちや家族の気持ちを丁寧に聞き取り、危機状態を乗り越えていった。

すぐに解決策を検討することが大切だなぁ（ポイント④）

ポイント⑤ 行動の理由についてしっかり知ろう

行動には必ず意味があり、その行動をする理由があるという視点は忘れてはいけません。その理由や意味にしっかりと耳を傾けることが重要で、その理由や意味を知ったうえで、行動を一緒に振りかえることが必要となります。意味や理由によっては、別の異なる行動を選んだほうがよかった場合等もあるので、相談支援専門員は利用者の話をしっかり聴いたうえで一緒に考えていかなければなりません。行動だけを焦点化し、そのことについて責めるような言動をとった場合、利用者との信頼関係が崩れる危険性が高くなります。

⑤ 地域での生活を定着させるための休息入院

退院後の生活のなかで、危機的状況は何度となく起こった。しかしその都度、幸子さんの想いを中心にケア会議をしながら支援者全員ができることを確認し、乗り越えてきた。時には幸子さん自身の希望で休息入院（休息を目的とした任意入院）をすることもあった。休息入院の前には必ず、今回の入院に至る課題の共有と入院期間の確認等情報共有を行った。退院前にも必ず相談支援専門員と訪問看護師は病院を訪問して、幸子さんとの面会をすると同時に、病棟師長や受け持ち看護師、精神保健福祉士等院内多職種のメンバーと情報交換を行った。また、クライシスプランもその都度見直した。クライシスプランは、幸子さん自身が自分のことであることを意識化するためもあって、幸子さん自身に記入してもらった。

幸子さんにとって、意味ある休息入院にしなければ効果がないかも
（ポイント④）

▶▶ 6 地域でいきいきと、自分らしく暮らすために

将来的に起こりうる一人暮らしに向けて、自立生活援助で自分のできることを増やすための同行支援を行った。市役所では幸子さんが利用したいサービスについて、自分自身のことばで説明したうえで手続きをすすめられるよう練習した。また、図書館や美術館など幸子さんが行きたいところに同行し、そこの職員となじみの関係になれるように働きかけた。また、本人が好きな英語を教えてもらえる教室や占いの話ができる場所を地域の中で幸子さんと一緒に探した。幸子さんは対人緊張が強かったので、自立生活援助で支援者が一緒に出かけることから始めて、徐々に自分で行けるように促していった。訪問看護師は幸子さん自身が自分の調子の良し悪しについて言語化できるようにかかわっていった。また、家族の負担を減らすことができるように、幸子さんが調理等家事もできる工夫についても一緒に考えた。家族が感じている幸子さんの調子の悪さは、幸子さんが受診に出かけたときに家族が電話で外来看護師に伝えられるような工夫もした。相談支援専門員は、毎月のモニタリングで、幸子さんの希望を聞いていきながら福祉サービスの導入のタイミングや一人暮らしに向けての支援を考えていった。休息入院のタイミングも含めて、とにかく幸子さんを中心に多職種多機関の支援者で話し合いながら地域での生活を見守った。多機関多職種がかかわるうえで、情報共有はとても大切なことだったので、情報は相談支援専門員のところに集まるように全員で確認した。また、支援会議開催についても次回の会議日程・場所は決めてから会議を終了することや1回の会議時間は30分以内にするなど、それぞれが負担感をもつことがないように工夫した。さらには、会議の最初には幸子さんのよいところやできるようになったこと、新しい発見などポジティブな部分を最初に話題に出すようにして、幸子さんを支えるだけではなく、支援者同士が支え合うことができる会議になるようにした。徐々に休息入院の回数も減り、地域での暮らしが継続していった。

地域にある資源を利用しながら生活の幅を広げていけたら……（ポイント⑥）

みんな忙しいから、集まってもらうには工夫しなければ！（ポイント⑦）

ポイント⑥ 地域にある資源を利用する

地域で生活をしている利用者の支援をするので、地域にある資源の利用を積極的に考えていく必要があります。フォーマル、インフォーマルを問わず、利用者と地域にある資源をつないでいくことも相談支援専門員の大切な役割となります。利用者自身の苦手な部分を手伝いながら、利用者自身が自分で積極的に利用できるように働きかけることが大切です。

見せる➡一緒にやってみる➡利用者にやってみてもらいながら見守る、というように少しずつ利用者ができるように工夫しながら支援していかなければなりません。利用者の夢や希望が叶うように情報提供をすることも重要な役割です。そのためには、相談支援専門員自身が、地域のことを知っておくことは欠かせません。

ポイント⑦ 支援会議（ケア会議）の工夫

支援会議の開催の前には、しっかり下話（根回し）をすることが大切です。会議の目的、ゴールに向けての方向性、流れ等について参加する一人ひとりが理解したうえでそれぞれの意見を持ち寄り、会議に参加してもらうように伝えておくことが必要です。また、会議時間の目安もあらかじめ伝えておくとさらによいでしょう。

実際に会議をするにあたっては、ファシリテーション技術を身につけておき実践することも必要で、会議が横道にそれないためには、ホワイトボード等を活用するなど、会議の見える化を心がけることも有効です。さらには、利用者はもちろん、会議に参加した人が満足感を得られるような進行を心がけなければなりません。会議の日程調整も重要事項です。検討内容によって参加者の優先順位を考えて、優先順位の高い人が参加可能な日程に調整すべきでしょう。

一方で、参加できなかった人への配慮も欠くことはできない事項です。会議開催の前に、あらかじめ意見を聞いておくことはもちろんのこと、会議後の議事録の送付など細やかに対応することが大切です。

事例のあとがき（振り返って気づく課題と後悔）

- 「地域移行支援」という形で利用者と相談支援専門員が出会う場合、利用者との出会いは病院や施設となります。その場合、利用者が強く望んでいない状況での出会いになることも多いので、信頼関係の構築には時間がかかるものです。そのなかで、出会いの第一印象には十分配慮して、出会いの場面を大切にすると同時に、この時点からの信頼関係の構築を大切にする必要があります。
- 幸子さんは、最初、相談支援専門員の介入を拒否しました。拒否されると、なかなか次に会うには勇気が必要ですが、そこは医療機関のスタッフの協力を得ながらやっていくべき部分でもありました。そして幸子さんの話をゆっくり聞きながら、幸子さんの本音を正確にとらえていくことを心がけました。丁寧に利用者の話を聴き、利用者の夢や希望に焦点をあてた支援を組み立てていくことが大切だと考えます。
- 地域移行支援・地域定着支援においては、多職種多機関との連携が欠かせません。多職種多機関との連携には、お互いが思いやりと尊敬の気持ちをもって、人と人との関係性のなかで、ともに支援していく仲間として、少し自分の役割外の部分も担いながら協働していかなければならないでしょう。幸子さんの支援では、外泊中に訪問看護という形で、支援を継続した、このことが幸子さんや家族の信頼を得ることにつながっていったのですが、それを依頼した相談支援専門員と訪問看護師の関係性が良好だったので、可能になった支援ともいえます。
- 多職種多機関の連携における相談支援専門員の役割は、利用者を中心とした支援の全体像をしっかりとらえると同時に、それぞれの支援の調整役を担うことです。支援の要となるべく調整力を発揮していかなければなりません。情報を集約するとともに、役割分担を明確にしながら支援を組み立てていきました。幸子さんと家族の意見が対立する場面が多くありましたが、相談支援専門員は常に幸子さんの立場に立ち、病院の病棟看護師長に家族支援の要になってもらったことは、とても有効だったと思います。

**スキルに関する解説は、
p.141からです**

ケース8

地域とのかかわりを大切にする

知的障がいと乖離性障がいが疑われる修さんは、ふとしたことから窃盗をしてしまいます。そのことが地域に知られてしまい、ストレスから表札に落書きをする悪戯をしてしまいました。ギャンブル好きな両親は協力的ではなく、地域や福祉事業所からも警戒されているなかでどのように支援の輪を作っていけばよいでしょうか。

名前と年齢 修さん（男性、19歳）

障がい種別等 知的障がい+乖離性障がいの疑い

家族構成等 父50歳（会社役員）、母42歳（会社経理）、兄22歳（大学4年生）

生活歴 修さんは幼少期から落ち着きがなく、3歳児健診で知的障がいの疑いありと診断を受けていた。両親の希望が強く小学校は通常学級に行ったが、学校の学習についていくことが難しく、中学校は特別支援学級に移った。中学校卒業後、高校進学はせず、しばらくブラブラしていたが、友達もあまりおらず、両親がパチンコ好きだったことから、両親と一緒にパチンコ店に行くことが多くなり、そこで知り合った人たちから可愛がられるようになった。いつの間にか、それらの人たちから玉をもらってパチンコをすることが習慣化していったようである。両親はせめて仕事はさせたいと考え、自社（小売業）のバックヤードを担当させてみたが、商品の取り違いなどのミスがあまりに続くため、半年ほどで本人が職場に行くことを拒否するようになり、パチンコ店で知り合った仲間と行動するようになった。そのなかに窃盗の常習者がいたことから、修さんもその指示で電動自転車のバッテリーを盗んでしまった。たまたまそれが地域の自治会副会長のものだったことから、修さんのことが地域の人々に知れわたり、修さんはますます外へ出づらくなってしまう。そのストレスから隣近所の表札に絵の具を塗りつけるような行動が生じた。隣人が苦情を言うと父親は一応詫びるものの、修さんに言い聞かせるようなことはしない。近隣とはどんどん険悪な関係となっていったが、修さんの行動は収まらなかった。父親は地元で手広く商売をしていた親の跡を継いだが、学生時代からギャンブル好きで、経営は部下に任せきりで自分はパチンコやスロットマシンに通うことが多く、地元では放蕩息子として有名だった。母親は長男にかかりきりで大学受験にまで熱心に付き添う姿があったが、その後は父親同様ギャンブルにはまっている。兄は都会の大学の近くで一人暮らしをしている。修さんとは性格が全く異なることからほとんどかかわりはない。

これまでの経過 修さんが難しい状況にあると感じたのは、自転車のバッテリーを盗まれた自治会の副会長だった。副会長は、父親とは同級生で家族ぐるみの付き合いがあった。副会長が市の会合に出席した際に市職員に相談し、そこから委託を受けている相談支援専門員の田村さんに話がつながった。田村さんは副会長を通じて父親と面会を申し込んだのだが、父親には問題意識がないのか、全く会おうとはしてくれなかった。電話で母親にも話をしてみたが、「修のことは父親を通さないと困るので……」と取り合ってくれなかった。

支援の経過

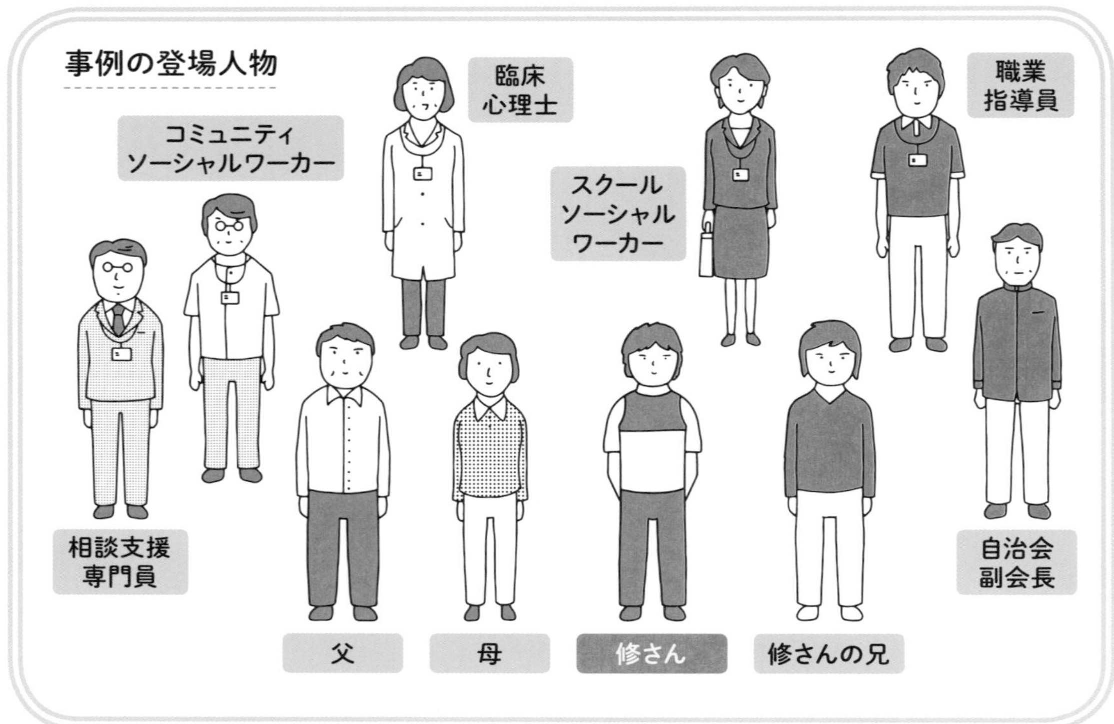

▶▶ ❶ 修さんのおかれた状況を把握する

父親から周囲との接触を遮断されている修さんがどのような状況なのかが気になる相談支援専門員は、周辺の情報を集めることから始めた。中学校の元担任によると当時から多重人格のような行動が見られたとの話があり、親しい先生には笑顔を見せ、そうでない先生には拒否的になるなど**修さんの態度が極端に違っていた**ことがわかった。パチンコ店のオーナーからは、店内

> なぜ特定の人に反応をしてしまうのだろう（ポイント①）

で時折客とトラブルを起こしていたことがあり、気に入らない相手だと捨てゼリフをはくようなところがあったとの情報を得た。雑貨店に勤めていたときは**仕事を覚えるのに苦労していたようで、商品の取り違えなどミスを犯しても誰にも相談せず放置してしまった**ことが問題視されてしまったようである。

また、父親や母親が修さんを巻き込んでいることに関して、以前担当していたスクールソーシャルワーカーから情報を得ることができた。両親は自分たちがギャンブルにのめり込んで周辺からも問題視されていることについてある程度自覚をしていること、そして**修さんについてどのように対応していっていいかがわからなくなっていること**を吐露していたとのことだった。今はやや自暴自棄になっているとも考えられるとのこと。大学生の兄については親を馬鹿にしていると感じているようで、自分たちの子育てに関しても自信を失っている印象とのことである。

単純なミスが多く、仕事を理解する力も弱かったのだろう（ポイント①）

親も仕事や子育てから逃げているのかもしれない（ポイント②）

ポイント① 障がいによる反応を切り分ける

修さんは人によってまるで敵か味方かといった反応をしています。複数の場面でそれが確認されたなら乖離性障がいを疑うことになるでしょう。また、とても基本的な理解力が不足していることが確認されるなら知的障がいの疑いもあります。そのことを周囲も理解できないでいると修さんはますます軋轢（あつれき）を感じ、さらに強い拒否反応を示してしまう可能性があります。相談支援専門員としては、修さん自身に会って表情や言動から障がいの特徴を読み取りつつ、周辺からの情報収集をしっかり行って、客観的な事実を調査することが望まれます。その際のポイントは、周囲がどの程度違和感を抱いていたかをキャッチすることです。後々周囲の協力を得るために違和感の共有が大切となるからです。

ポイント② 親の対応の弱さに着目する

知的障がいや発達障がいなど、生後からみられる障がいがあるときに、親が十分な対応ができずに困惑した状態のままになっている事例は多くあります。この事例もその一つです。3歳児健診において保健師との接点があったにもかかわらず、その後の支援につながっていません。考えられることとしては、親自身にも何らかの障がいがあるなどの理由で指示が受け取れないといったことがあります。相談支援専門員としては、利用者に支援がうまく届かない場合の複数の可能性をとらえる必要があります。そのためにも、家族や周囲のかかわりのアセスメントは外せません。

▶▶② 修さん自身の声を「聴く」

修さん本人は一体どう思っているのか。あるとき、両親が会社の慰安旅行で1日だけ留守にすることがわかり、相談支援専門員は**その日を利用して修さんと会うことができた。**自宅を訪問すると修さんは当初、少しこわばった表情だったが、やがて自分のことを案じていると感じたのか、「新しい仕事に就きたい」、そして「パチンコ仲間とはあまりうれしくない関係である」といった話をしてくれた。両親に対しても言いたいことがなかなか伝わらないようである。相談支援専門員はそれを聴いて、修さんから「現状から抜け出したい」という気持ちが出始めていると感じた。

周囲の情報だけでは不安、ここは直接会って話すべきかな（ポイント③）

と同時に、相変わらず逃避的な態度を続ける両親にも変化を促す必要性を感じていた。両親の修さんに対する態度を変えるためには、修さんの気持ちをうまく伝えていくことが大切だと考えた。そのためにも**両親の現状認識をしっかり確認してみる**必要がある。相談支援専門員は、あらためて父親に電話連絡を入れて、これまでの経過を話し、修さんの不安な気持ちと今の状況を変えて行きたいという気持ちがあることを伝えたところ、意外にも父親から会って話がしたいとの返事があった。すぐに自宅に飛んでいくと、そこには両親と修さんが待っていた。勝手に修さんと会ったことを怒るのではないかと思いきや、父親は自分の過去について話しはじめ、現在の経営という仕事が自分にあっていないことなどを訴えてきた。どうやら父親自身も発達障がいで悩んでいたようだった。

親の認識はきっとズレているのだろうな（ポイント④）

ポイント③ 直接会って利用者の意思を確認する

ホンネの部分はメールや電話では伝わりません。ましてや周辺からの情報収集だけで判断することは危険ですから、たとえ時間がかかるとしても、チャンスを待ってしっかりと確認をします。会ったからこそ本当の気持ちと出会うことができますし、何よりその後の展開における信頼関係につながります。今回の事例では、修さんと話したことで両親もまた悩みを打ち明ける流れにつながりました。

ポイント④ 相手の立場に立って景色を眺めてみる

認識がズレるときには、何らかの原因があると考えられます。実際に父親がたどってきたヒストリーを聴くことから、その原因や背景を探ることは怠れない作業です。修さん本人からみると父親は厄介な存在なのですが、父親自身が自分の障がいに悩んでいることがわかってくると、修さんの支援について父親なりの理解をしてもらうために工夫することが重要だと気づくことができます。

③ 専門家による支援の検討

これまでの経過から修さんを支える手立てが乏しかったことで両親の不安が増大していると感じた相談支援専門員は、関係者を集めてどのような対応が今後の修さんの希望をもった生活につながるのかについて話し合うことにした。はじめに相談支援専門員から療育手帳の取得の手続きを進めていることについて説明した後、スクールソーシャルワーカーから提示されたのは両親の不安の除去だった。これまでの経緯から、修さんにどのように対応すればよいのかがわからないので、あらためて向き合うための準備が必要だということだった。また、この地区を担当して両親とも接点のある社会福祉協議会のコミュニティ・ソーシャルワーカーからは、両親は近所との関係が悪化していることに気づきつつも、長期にわたって地域住民と付き合いをしておらず、**どのようにすれば近所とうまくやっていけるのかがわからない**状況ではないかとの説明があった。県の発達障がい者支援センターで同様の事例の支援経験のある臨床心理士は、巻き込まれている**修さんも窃盗や表札汚しを悪いことと考えていないのではないか**、その点を理解するための支援が必要であること、また、雑貨屋での勤務状況から見て発達障がいに対応した就労支援が必要ではないかという指摘もあった。**修さんが仕事に就き安定した生活を送ることで両親にも余裕が生まれてくる**のではないか、それにより修さんに対する態度も変化していくのではないか、両親の気持ちが前向きになった時点で、近隣との関係の再構築を図っていくことがよいというのが一致した意見だった。

> **両親と近隣の関係づくりをするというが、一体どのようにするのか？**（ポイント⑤）

> **この視点は重要かもしれない。修さんは全く反省をしている様子はないし……**（ポイント⑤）

> **修さんがきちんとした生活をしているというイメージは今の自分にもないなぁ**（ポイント⑥）

ポイント⑤ 利用者の主体性を大切に

両親が想像以上に地域から警戒されている存在であると考えられるので、地域住民との関係づくりがいきなり進むとは思えません。そこで、修さん自身が自ら努力して生活を組み立て、両親の気持ちを変えると同時に、これまで迷惑をかけてきた地域住民に対して、しっかりした暮らしぶりを見せることで、住民の納得を得るという流れが自然でしょう。もちろん、それが修さんの想いでもあることが大切なので、相談支援専門員としては修さんのパワーを見立てながら支援をしていくことになります。無理をして住民の意向に合わせることだけに方向性がいかないように気をつけます。

ポイント⑥ 専門職の力を借りる

修さんが具体的にどのような就労生活を過ごすことになるのかについてはこの時点で具体的な方策がみえていませんが、支援の方向性としては、修さんに適合した職場を確保することが必要であることに間違いはありません。ここで具体的な支援計画にするために、専門職の力を借りること、つまり支援のネットワークづくりが相談支援専門員に求められます。

④ 協力者の関係づくり（ソーシャル・サポート・ネットワークづくり）

とはいっても、この小さな町の中で修さんが発達障がいの対応を受けながら働けるような場所を見つけるのはなかなか至難の業だった。地域に就労移行支援事業所はなく、**町内唯一の就労継続支援B型事業所は協調性がない修さんの受入れに難色を示している。**そこで、相談支援専門員は発達障がいの特性について理解してもらうために商工会の何人かの有力な事業者と話し合いの場をもつことにした。商工会はこれまでの両親の態度に対し不信感を抱いており、修さんのインターンシップについて後ろ向きな雰囲気だった。そこで相談支援専門員は昨今の障がい者をめぐる雇用の仕組みについて説明し、職場の環境改善等の有益な情報を提供してようやく製パン業を営む１社から理解を得ることができた。実は、修さんが入り浸っていたパチンコ店のオーナーが店にパンを納入しているその会社に働きかけてくれたのだった。その会社には**発達障がい者支援センターの臨床心理士が来て、職場環境のアレンジを指示することになり、そこに就労継続支援B型事業所の職業指導員の立会いを求めた。**

> **これまでもよくあること、ならば協力を得やすくするか**（ポイント⑦）

> **このチャンスを活かしたい！**（ポイント⑦）

同時に、相談支援専門員は、**父親の同級生である地域の自治会の副会長に両親のサポートをお願いする**ことにした。副会長は現職の税理士であったので、母親の経理をサポートする形で父親の営む雑貨店の経営をバックアップしながら、同店で父親が処理可能な作業を見つけるための手伝いをしてくれた。

> **親のサポートまでは手が回りそうもないが……**（ポイント⑧）

ポイント⑦ 地域資源の開発は相乗効果で実現する

福祉の世界の人間が商工会に働きかけた場合、理屈はわかってもらえても、簡単に協力は得られません。商工会に働きかけたのは相談支援専門員から話を聴いて問題を感じていたパチンコ店のオーナーでした。両親がこのままいけばギャンブル（パチンコ）依存となり、店の評価を下げることにもなるからです。さらに、就労継続支援B型事業所の後ろ向きな態度は、今後、町内で次々と課題となる発達障がい者の資源確保にとって大きな問題です。これを期に、少しでもパワーアップを図っておきたいところです。このように機会をとらえ、巻き込みを図って地域資源の改善や開発につなげることは大切なポイントです。

ポイント⑧ 地域住民の本業を支援に活かす

副会長としての職責というより、父親との関係を使ってこの一家にかかわってもらっていますが、これが地域のルールでもあります。税理士という本業を使うことは住民間であるからこそ使える武器です。地域を基盤とした相談支援専門員としては、住民間でできることは積極的に任せていき、その様子を、時折確認する程度ですませてもよいでしょう。

事例のあとがき（振り返って気づく課題と後悔）

- この事例の反省点は以下の2点です。
  ①修さんの気持ちを確認するまでに多くの時間をかけてしまったこと
  ②この支援が始まる前の情報収集に手間取り、父親との対話がとれていなかったこと
- 田舎町なので町の財政力も小さく、福祉サービスの多くを隣の市の福祉サービス事業所に頼っている状況です。その代わり、住民同士の関係が深く、障がい者福祉の関連資源を住民の力を借りてつくることの大切さをあらためて感じました。

スキルに関する解説は、
p.132からです

ケース9

空き店舗対策を使って地域での拠点づくり ――障がい者自身が街の資源へ

地域に障がいのある人が集える場づくりをしたいという思いで、仲間づくりからスタートし、思い描いた姿を一緒にブレイクダウンをして今何ができるのかを考えながら実践した事例です。医療や福祉のなかで生きてきたメンバーが、はじめて商業関係者とコラボするなか、いろいろな葛藤を抱えてすすみました。医療や福祉の領域を離れて活動したからこそ障がいのある人の変化、相談支援専門員の視点に広がりが見えてきます。相談支援専門員が行う地域づくりには、マクロからミクロへ、ミクロからマクロに、という両方の視点が重要です。

地域（圏域）の情報

- 人口は約25万人（高齢化率約32%）
- 海と山に囲まれた地域　海側には工業地帯が広がる
- 山間部は田園風景が広がっている
- 圏域全体としては年々人口は減少しており、高齢化率は高くなっている（1市のみ人口は微増）
- 精神科病院は3か所あり、それぞれが福祉や介護の施設等をもっている
- 入所支援施設は数か所あり、それぞれが福祉事業所を併設している
- 拠点病院もあり、医療面での利便性は高い
- 公共交通機関はあるが、高齢者や障がい者にとって利便性が高いとはいいにくい
- 相談支援事業所・相談支援専門員は人口の割に少ない

対象地域の状況

- 数十年前までは活性化していた商店街だったが、徐々に買い物客が減り、空き店舗が増加。
- 商店街の人たちはなんとかしなければいけないと思いつつも、これといった具体策が見いだせずにいた。
- 郊外に大型スーパーマーケットの進出が目立つ
- 精神保健ボランティアや傾聴ボランティア等の活動は活発

支援の経過

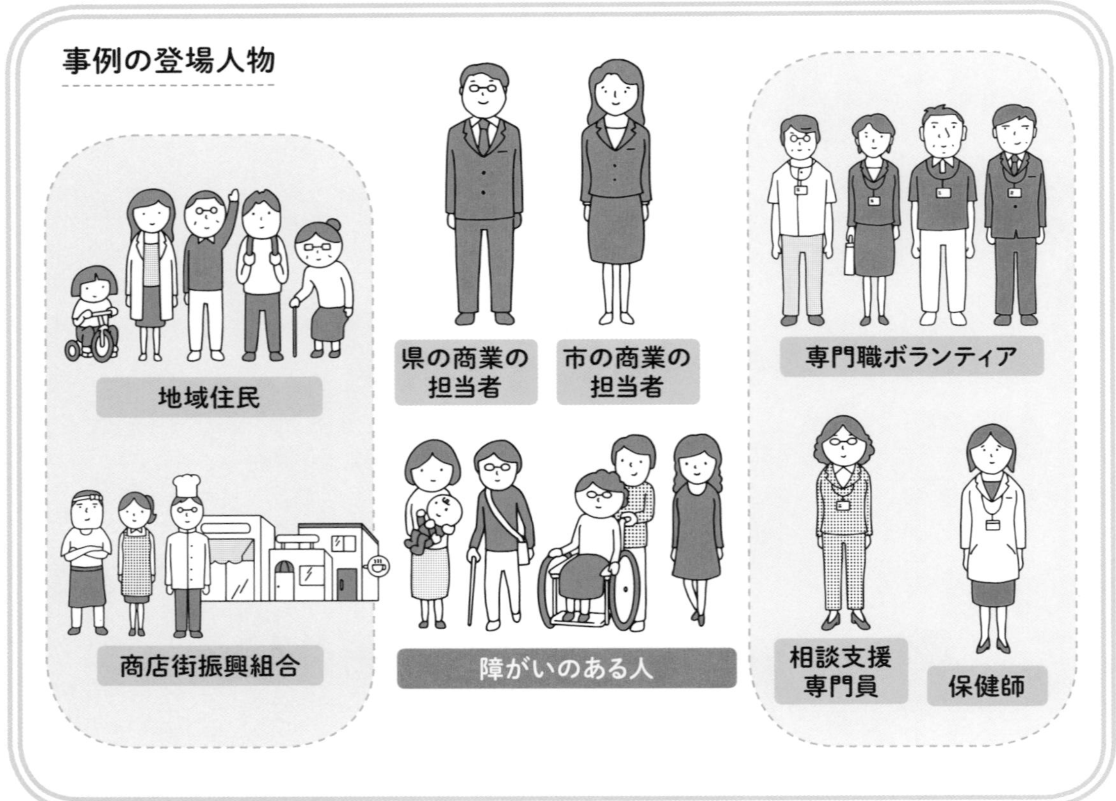

▶▶ ❶ 空き店舗対策で拠点をつくるまで

相談支援専門員はこの地域の障がい者が使える資源が大きな法人の敷地内にあること等も含めて街中に活動拠点や使える資源がないことに、常々疑問を感じていた。そのことを相談支援専門員がスーパービジョンを受けるなかで、「１人ではできないなら仲間をつくって小さな一歩を踏み出すことだ」と気づいた。そこで、身近で障がい者支援をしている仲間数人と保健師に「街の中心部に何か拠点があったらいいと思うのだけれど」という内容の話をした。数人の仲間のうち３人が中心となり、何がしたいか、この街では何が必要かを考えていった。そのようなタイミングで保健師から空き店舗対策の話が持ち上がった。保健師が県と市の商業の担当者とのつながりで湧いた話である。

自分たちのやりたいことを県の中で話してくれたんだぁ。ありがたい。人のつながりで広がる（ポイント①）

空き店舗対策事業を受託することにしてからは、市の商業担当者との話し合いを重ね、店舗選びが始まった。途中、あきらめかけたくなることもあったが、そのようなときには行政職員が背中を押してくれた。紆余曲折がありながらもなんとか空き店舗対策事業で、障がい者と地域の人が交流をする拠点をもてることをめざした。

ポイント1 夢や希望は声に出す

相談支援専門員としての日々の仕事で、やりたいという気持ちがあったり、何か思いついたりしたとき、言語化して人に聞いてもらうことがとても大切です。人に話すことで、質問され説明を重ねることで、より具体的に考えがまとまります。また、今回のように、話を聞いた人が共感してくれたら、その人からのつながりでチャンスが回ってくる可能性もあるのです。また、自分が口に出すことで、自分のなかでも明確な目的や目標が見えてきます。さらには共感してくれた人が仲間が味方になってくれることもあります。

2 商業と福祉、価値観の違いの融合

空き店舗対策の事業として拠点をもつことになったので、商店街振興組合の人と一緒に会議をすることからスタートした。当初、「事業費が出るのだからお客さん呼んできてよ」が商店街の人からの言葉だった。この言葉に相談支援専門員は衝撃を受け言葉を失った。とにかく商店街振興組合の人とうまくやっていくために、店を運営するということや商店街の決まりについてはーつひとつ教えてもらいながら、進めていった。また、ボランティアスタッフの顔を知ってもらうために、商店街で買い物をすることに努めた。商店街で買い物をすることは、店主やそこで働いている人々やスタッフの顔を知ることにつながっていった。同時に商店街の課題も見えてきた。この課題については、直接商店街の理事長等に伝えず行政の人に話していった。

価値観の違いは多職種と連携するときにありがちだが、一緒にやっていけるのか不安……（ポイント2）

とにかく商売は素人、教えてもらうしかない。頼ることで仲よくなれるかも（ポイント2）

顧客になったらいい関係をつくれるかも（ポイント2）

1年に2回開催される会議のときには、必ず、集客や収支のこと、商店街への貢献度など、手厳しいことを言われた。「どうせ補助金がなくなったら終わりでしょう」という声も聞かれた。空き店舗対策事業として事業をさせてもらえるのは、長くて3年、短くて2年の予定だったので、その後の事業継続についても相談支援専門員は仲間と一緒に考えていった。この時期、拠点

に集まってくる人たちは、医療サービスや福祉サービスにつながっていない人が多かったこともあって福祉サービスではない形で存続することにこだわった。普通に街に出てきてふらっと立ち寄れる場所という価値観がそこにはあった。利用者にとっても、自分の好きなペースで利用できてゆっくりできる場所としても認識が強かった。

せっかく商店街でやり始めるのだから視点を変えてやってみたい（ポイント③）

居場所として障がいのある人や近所の高齢者、商店街の人々、時には出張中の会社員などいろいろな人が利用するようになった頃、相談支援専門員をはじめとする専門職のボランティアスタッフは、自分の仕事の休みの日にボランティアをするという無理な状況が、お互いの気持ちのゆとりをなくしていった。また、自分たちが何のためにやっているのか共有する場がなかったこともあって、関係性がぎくしゃくしてきた。この状況を何とかしなければいけないと感じ、居場所を利用する人たちと話し合う場を設けた。一方で、開設当初から厳しい目で見守ってくれていた商店街振興組合の人たちからは、「頑張って続けたね。にぎわっているようでよかった」と声をかけられるようになってきた。その背景には、なるべく商店街で買い物をするように工夫したことや、来られる人にお店の紹介をしたことなども影響していた。

関係性を継続するうえで、一緒にやる人との語り合いの場は重要（ポイント④）

自分たちから歩み寄っていかなければ（ポイント②）

話し合いの結果、障がいのある人たちが「自分たちがやれることはないかなぁ。できればお金になるといいけど」と言ってくれた。

話をすることで、提案されることってあるなぁ（ポイント④）

ポイント② 他分野他職種との連携は、相手を知ることから

分野（ここでは商業と福祉）が異なると、価値観や視点、優先順位が違うことが多くあります。時には正反対の考えを押し付けられることもあるでしょう。そのようなときには、まずは相手のことを知ることが大切です。知るためには、自分から歩み寄っていくことが不可欠です。また、相手の役に立つという視点も重要になります。相手にとって必要な存在になるためにはどうすればよいかを考え、実践していくことが大切です。

ポイント③ 視点の違う人（他分野の人）とのかかわりが視野を広げる

障がいのあるなしにかかわらず、誰もが利用できる場があることが大切ではないでしょうか。一緒にいる時間や機会があることで、お互いに刺激しあう関係性もできますし、補い合うこともできるでしょう。そこでいろいろな話をすることでそれぞれが視野を広げることに

つながります。また、障がいがあるがゆえに地域で暮らすことに対するイメージが少ない人にとって、実際に地域で生活している人と直接話をすることで、障がいのある人たち自身も視野を広げることにつながるといえます。

ポイント④ 話し合う時間を大切にする

新しいことを始めるときはもちろん、何かを継続させようとするときには、とにかく、話し合う時間をつくることが大切です。対等の関係性を保ちながらお互いが感じていることを言い合える雰囲気づくりも重要な要素となります。そのためにはファシリテーション技術を磨いておくことも有効です。話し合う場の"心理的安全性"を保ちながら、意見交換のできる場をぜひつくりましょう。

③ 居場所から働く場への転換

障がいのある人たちからの提案で、**当事者本人にとって、お客さんとして来る場所から働く場所に転換**していった。もちろん、常連客として来る障がいのある人もいるし、入院中の患者さんがイベント等で市街地に出かけたときの昼食や休憩をする場所にもなっているが、どちらかといえば、地域住民がお客さんで、当事者は仕事としてかかわってくれるようになった。

誰もが主役になれる場づくりをしよう！（ポイント⑤）

働く場所に転換したことで、専門職の役割は、いかに仕事を取ってくるかがメインになった。商店街の人や社会福祉協議会・健康福祉センターや市民活動支援センター、その他関係機関にPRしていった。ランチのほかにイベント等でお弁当をつくらせてもらい収益を上げることにしたのである。チラシの配布も障がいのある人の仕事にした。この仕事は障がいのある人にとって、地域の人と話をする一つのきっかけになった。働く場所への転換は、新たな工夫を考えさせてくれた。「障がいをもちながら働くにはどのような工夫が必要か」など、障がいのある人たちと一緒に考えていくことになった。

ある日、何年も通っていた地元で生まれ育った障がいのある人が、障がいを隠さず自分もここで働きたいと訪問してくれた。「なんとなく、ここでなら、自分のことも理解してもらえるかなと思って……。病気のことを地元で話すのは勇気がいりましたけど。自分が病気になったことが、他の人の役に立てば……」と話してくれた。見て感じるなかで、ここは安心できる場所であったのだと、この言葉で再確認した。一緒に働く人が増え、自分たちで苦手なことは助け合いながら働く姿はとても頼もしい。

当事者同士のかかわりが本人の障がい受容につながっている（ポイント⑥）

ポイント5　誰もが主役になれる居心地のよい場づくり

福祉サービスの場でなく、商店街にある拠点だったからこそ、障がいの有無を問わず誰もがその場面で主役になれる場になっていきました。つまり、自分が少しの勇気をもって取り組もうとすることで、自分がやりたいことを実現できる場にもなっていったのです。その勇気は、場の“心理的な安全性”が保たれていたからこそではないかと思います。ここでは、誰も批判しない、誰もが一緒に喜んでくれる、このように感じる場づくりが大切なのです。

ポイント6　一緒に働くということは、お互いの苦手なことも含めて理解しあうこと

「一緒に働く」ということは、お互いの苦手なことも含めて理解しあうことが大切になります。その場面では、お互いの病気のことや症状のこと、病気に対する思い、生活のしづらさなども含めて話をする機会が増えていきます。そのなかで、自然とピアミーティングのような形になり、お互いの想いが表出される。当事者同士の会話のなかでそれぞれが自分の障がいとのつき合い方を考える貴重な機会となったのではないでしょうか。支援者には話せないことをお互いが吐露することもあるでしょう。このことがとても有意義な場であると感じる理由です。同時にこの仲間と一緒に働いていきたいという気持ちが、治療と向き合うきっかけにもなっているといえます。

▶▶ ④ 商店街の活動に積極的に参加する

商店街や街のイベントには開設当初から参加していたが、あるとき、**商店街の青年部の人から、毎月１回イベントをするから手伝ってほしいという依頼があった。**商店街を活性化するための活動の一環として定期的にイベントがしたいという話であった。働いてくれている人たちとも話し合い、自分たちの活動のPRにもなるから参加しようということになった。

活動の継続が認めてもらえた!!
（ポイント⑦）

イベントではくじ引きの担当になった。毎月同じ仕事内容なので、参加する人も徐々に慣れていった。緊急事態に備えて、相談支援専門員が必ず一緒に参加をしていたが、ほとんど、障がいのある人たちが段取りをして動いていた。くじでよい景品が当たったお客さんとは一緒に喜び合い、残念だった人には「次の機会を楽しみにしましょう」などと声をかけ、商店街の活動にいきいきと参加する様子は、家族にも安心感を与えた。**一緒にイベントをするので、顔なじみになってくる。その関係性で、新たな商店街の仕事を頼まれる**という好循環になった。

つながり続けることは、次のチャンスをつくる
（ポイント⑦）

ポイント⑦ 出会いとつながりを大切に持続する

人とつながるには、何らかのきっかけが必要です。イベントを一緒に企画したり、運営したりすることは、つながるにはよい場面です。顔を合わせる機会が増えれば増えるほど、顔なじみの人は増えます。そして、つながり続けることで、活動の輪は広がっていくのです。

最初つながるまでには勇気が必要ですが、継続的に回数を重ねることでお互いにその緊張感は少しずつなくなっていきます。また、相手の人となりがわかってくると、その人にあったこと・得意なことを頼みやすくもなってきます。この関係性を続けていくことが重要なのです。

▶▶⑤ 地域住民への啓発

商店街につくった小さな拠点で、アロマセラピーやフラワーアレンジメントなどの教室とミニメンタルヘルス講座を同時開催することで、地域のなかで、こころの健康やこころの病いに対する啓発の拠点として、少しずつ周囲から認知されるようになってきた。また、拠点で独自のイベントを開催したとき、隣の高齢の方から「自分はマジックが得意だから、今度のイベントのときに人寄せのためにマジックをしてあげようか」と声をかけられた。もちろんマジックをしてもらったのだが、マジックは本当に趣味程度の出来映えで、笑顔の輪が広がる場面となった。なかでも一番の笑顔を見せていたのがマジックをした本人で、「今日はとても楽しい1日だった。こんなに人に喜んでもらえたのは久しぶりだった」と満面の笑みを浮かべて帰途についた。以降しょっちゅう昼ごはんを食べに来てはそこにいる人にマジックを披露した。少し大げさに言えば、**自分たちの活動が高齢者の生きがい活動につながっていた。**

誰もが主役になれる場づくりが実現した！(ポイント⑤)

また、民生委員の研修に利用してもらったり、住民にボランティアとして参加してもらったつながりから、市の協議会の専門部会の委員になってもらったり、今までは精神障がいについて気にもとめていなかった人たちが関心をもってくれたりするきっかけになった。

さらに、当初は「障がいに対する認知度が低いのに、今そんな施設をつくっても無理だ」と話していた市の障がい福祉担当者も「このつながりが市の協議会につながってきて、おもしろいですね」と言ってくれるようになった。きっと商店街振興組合の関係者からすれば、商売として成り立っていないと思うことも多いだろうが、組合で会議をするときにはお弁当やコーヒーを注文してくれるようにもなった。時には従業員のメンタルヘルスに関する相談をもちかけられることもあるし、障がいのある従業員へのかかわり方について相談されることも増えてきた。

さらに、商店街で働く人たちが拠点で働く障がいのある人を気にかけてくれている。わざわざ店に立ち寄って声をかけてくれる人もいる。「頑張っているね」「今日も笑顔がいい」「今日のランチ、おいしかったよ」などの声かけが、障がいのある人にとって何よりも励みになっている。

人を避けるように暮らしていた障がいのある人たちが、競って配達に行くという場面もあった。「配達に行ったらとっても喜んでもらえるからうれしい」という声も聞かれる。また、お客さんとのつながりが、生活の幅を広げている。常連客の店に行って買い物をすることもあり、そのときのおしゃべりが楽しいとも言う。日常でのごくあたりまえの経験が、障がいのある人に地域の中で生活をしていると実感させている。**周りの人は誰1人として、障がいのある○○さんとは見ていない。**商店街で働く仲間としてかかわり続けている。ともに時間を過ごすことが何よりの啓発につながっている。

地域の中で、1人の生活者として生きることは大切
（ポイント⑧）

ポイント⑧ 地域の人とのかかわりが本人の成長につながる

Aさんだけではなく、障がいのある人が商店街の人とのかかわりのなかで頼りにされることや、1人の人間として認められる経験をすることができました。障がいのある人にとって日頃かかわっている支援者に言われる「ありがとう」と、地域の人から言われる「ありがとう」は、明らかに意味合いが違います。地域の人からの言葉が、本人の自己肯定感を高め、自信につながったのです。その自信はやる気にもつながり、よい形の流れになります。この活動を商店街の中で始めたからこそできあがった流れといえます。自分が街の“役に立っている”ということが、街で生活者として生きるための活力にもなっているのです。

▸▸❻ 街の変化に沿った活動へ

商店街での仕事のメニューの増加や駅前開発の影響もあり、拠点は移転することにした。新たな拠点として商店街振興組合の一室を借りた。また、商店街振興組合の事務員と障がいのある人の関係性もできてきたので、仕事内容に関することやシフト調整などは、相談支援専門員を介さず直接やりとりをしてもらうようにした。相談支援専門員が間に入ると時間のロスが出てきたというのも一つの理由だが、それより、商店街の人が誰よりも障がいのあるAさんを頼りにしていたからである。商店街で行う不定期なイベントがあったら、「この仕事を頼みたい」と直接Aさんに連絡が入るようにもなった。もちろん困ったときには相談支援専門員がかかわることもあるが、Aさんを中心としたグループの活動へと転換した。また、商店街を歩いていると飲食店の店主から「ちょっと休んでいったら？」と声をかけてもらえることもあるようだ。そのときには、「いつも街をきれいにしてくれてありがとう。助かっているよ」と言って、軽食や飲み物を出してくれることもあるという。商店街の中で、毎日仕事をして信頼を得てきた結果ともいえる。そのような商店街の人とのやりとりも含めて、商店街の人から頼りにされることでAさんの自己肯定感が高まり、その後、Aさんは当事者グループをつくることになった。

人も変わっていくんだなぁ（ポイント⑨）

人とのつながりがAさんを強くした！（ポイント⑧）

Aさんは「精神障がいになったことは苦しい経験だった。でもいまの自分があるのは、商店街の人のおかげ、商店街の中に居場所があったから。今の自分は自分の体験を人に語り、同じように苦しんでいる人の役に立ちたい」と語った。

ポイント⑨ ともに活動することこそ、真の啓発活動になる

商店街の人の障がい者を見る目も、この活動を通じて変化しています。最初は「仕事なんてできないでしょう。こちらが言ったことを手伝ってもらったらいいから」という雰囲気だったのが、今では、全面的に信頼をおいて頼みごとの依頼があります。商店街のイベントを一緒に取り組んできたからこそ、理解がすすみ、偏見がなくなってきたのだと感じます。商店街の人に加えて、近隣住民も同じように変化しました。

事例のあとがき（振り返って気づく課題と後悔）

- 商店街とのかかわりは、18年目を迎えました。18年にわたる活動のなかで、商店街も変わり、福祉制度も変わっています。地域での活動は、そのときそのときの地域のニーズに合わせた形での取り組みが大切だと思っています。
- 唯一変わらないのは人とのつながりで、時間をかけてつながり、時間の経過とともに関係性は強まっていくものです。また、自分の体験を通じて偏見をもたなくなった人は、ずっと偏見をもたずにかかわり続けてくれます。アロマセラピーやフラワーアレンジメントの講師をしてくれた人たちは、今でも同じように付き合ってくれていますし、ほかの場面でも障がいのある人たちと積極的にかかわってくれています。
- ともに活動をすることによって、障がいのある人の理解者を増やすこと。これは相談支援専門員の大切な使命であるともいえます。まずは相談支援専門員が勇気をもって地域に一歩踏み出すこと、そこで出会った人たちと継続した関係性をつくること、一方的でない“お互いさま”の関係性をつくること（お互いが役に立つこと）が重要な要素と考えます。

スキルに関する解説は、
p.132からです

Part 2

相談支援専門員に大切な7つのスキルを磨く

──障害者ケアガイドライン（2002）をもとに

1　障害者ケアマネジメントことはじめ

1992（平成４）年３月、当時市役所の職員だった私は大変追い込まれていました。目の前にいる脳性麻痺で重度の肢体不自由のある女性が、自分が住む新たな家を探していて、全面介護を受けて生活をしなければならないというのです。過去に施設入所の経験のある彼女は、二度と施設には入りたくないと言います。

当時は現在のように障害者総合支援法に基づく民間サービスといったものがなく、行政の措置制度により、昼間のホームヘルパーの派遣や日中活動ができるセンター、それに加えて短期入所の利用ができる程度の制度・資源しかありませんでした。行政が配置しているわずか数名のホームヘルパーや２か所しかない短期入所施設の力を結集しても24時間支えていくことが困難なのは明らかでした。

周囲からは施設入所をすすめる声が聞こえてきましたが、本人の意向を無視した措置はもちろん行うわけにはいきません。ですから、市営住宅の空き部屋募集に応募して、当面の居場所を確保し、住宅課に掛け合ってその中を通路も含めて電動車いすでアクセスができるように改造してもらいました。福祉用具の事業者には彼女が１人で排泄できるトイレ専用の移乗台を製作してもらい、ホームヘルパーも民間に委託した形で夜間にも柔軟に対応できるように変えていきました。さらに障がい者団体と協力して在宅で足りない介護を補うためにボランティア募集を行いました。

こうして彼女は一人暮らしを始めることができました。そして、その後次々と地域との関係を広げてちょっとした有名人になり、地域生活の先駆者として障がい当事者に大きな影響を与える存在になったのです。

このときの経験が、私にとって大変有意義なものとなったことは言うまでもありません。その後も、さまざまな障がいのある人と出会うなかで、そのときに培った関係者とのネットワークにより、問題の解決にあたっていくことができるようになったからです。ただ、そのときは、これがいわゆる「ケアマネジメント」だということはまったく知りませんでした。

数年後、1995（平成7）年より、私は厚生省（現・厚生労働省）の声がけで国のケアマネジメントモデル事業（「障害者にかかわる介護サービス等の提供の方法及び評価に関する検討会」）に参加しました。私の市も含め複数の市町村でモデル事業が行われた結果、事業のまとめをする委員となり、そのときにかかわったのが2002（平成14）年に公表された「障害者ケアガイドライン」です。

2 相談支援専門員に大切な7つのスキルとは

「障害者ケアガイドライン」(以下、ケアガイドライン)については、本書の巻末に資料として収載していますので、ご覧になってください。

私がこのケアガイドラインにかかわるなかで特に大切だと思っていたのは、障害者ケアマネジメント従事者(現・相談支援専門員)がもつべき資質の部分です。ケアガイドラインでは、障害者ケアマネジメント従事者は7つの資質をもたなければならないと整理されています(図1)。この7つになった背景にはケアマネジメントのプロセスとの関係があります(図2)。ケアマネジメントはニーズの把握に始まり、プランの作成プランの実行モニタリングというプロセスを循環させていくものです。

図1 求められる7つの資質

パート１で示した９事例は、この７つの資質に合わせて編集をしています。７つの資質のどこを鍛えていけば事例に対応する力が身についていくのかをわかりやすくするためです。なお、本書では「資質」をスキルに読み替えて整理しています。

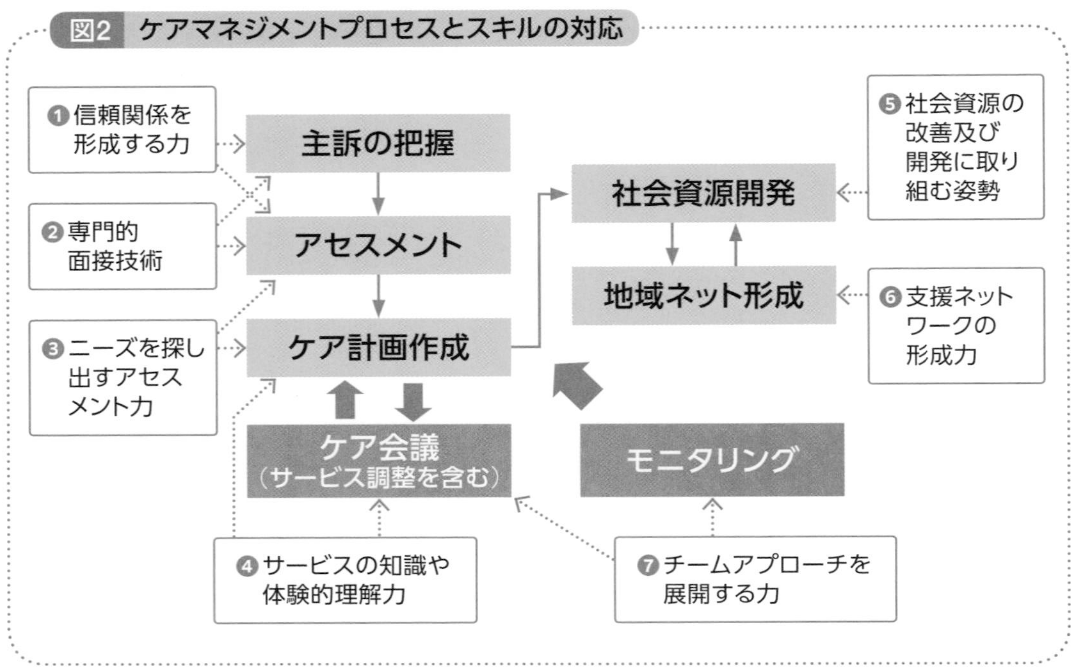

それでは、次から７つのスキルについてそれぞれ解説しながら、９つのケースでのポイントについて一緒に考えていきたいと思います。

７つのスキル	対応事例
❶信頼関係を形成する力	ケース１ 本人のペースを大切に ひきこもりの人への支援
❷専門的面接技術	ケース３ 意思表示をなかなか行わない人の意思決定支援
❸ニーズを探し出すアセスメント力	ケース２「障がい」をめぐる親と子どもたち
❹サービスの知識や体験的理解力	ケース５ 知的障がいのある人の介護保険へのゆるやかな移行
❺社会資源の改善及び開発に取り組む姿勢	ケース８ 地域とのかかわりを大切にする ケース９ 空き店舗対策を使って地域での拠点づくり
❻支援ネットワークの形成力	ケース４「おとな」という包囲網からの脱出
❼チームアプローチを展開する力	ケース６ 学校との連携の中心に本人を ケース７ 地域移行支援後の自分らしい暮らしを多職種で支える

スキル❶ 信頼関係を形成する力

▶▶ ケース１ 本人のペースを大切に ひきこもりの人への支援

◆ 信頼関係を結ぶ意義

信頼関係とは、いったい何でしょうか。相談援助の基礎となる最初の関係づくりが信頼関係という言葉にこめられています。不安を抱えた利用者が、相手に受け入れられているという感覚をもつことで、自分の気持ちを打ち明けるようになるからですね。

また、このような信頼関係があるからこそ、相談支援者が感情的にならず利用者の気持ちの変化に上手に反応し、利用者が自分の感情を相談支援者に向けてくる「転移」や相談支援者が利用者に感じたことを利用者に投げかけてしまう「逆転移」を知る（自己覚知）という専門的援助関係を結ぶことができます。

当然のことながら、この信頼関係づくりが中途半端なままで相談援助を進めてしまうと、アセスメントも計画づくりも利用者の意図からずれた形で終わる可能性が高くなります。

◆ 社会モデルに必要な「寄り添い感」

これに対して、ケアガイドラインにおける「信頼関係を形成する力」は、これらの意味を含みつつ、寄り添い感の強い関係づくりを意図していると考えられます。

それは、障がいの社会モデルとの関係からも必然です。利用者が今おかれている状況が、社会における差別や偏見から生まれていることを意識して、そうした壁をともに越えていこうとする姿勢をしっかりと示すことで、パワーを失っている利用者に希望（自己肯定感：自分は大切な存在であり、やればできるし、他の人たちともかかわっていけるという気持ち）を届ける力が必要なのです（図3）。

図3 エンパワメントの意義

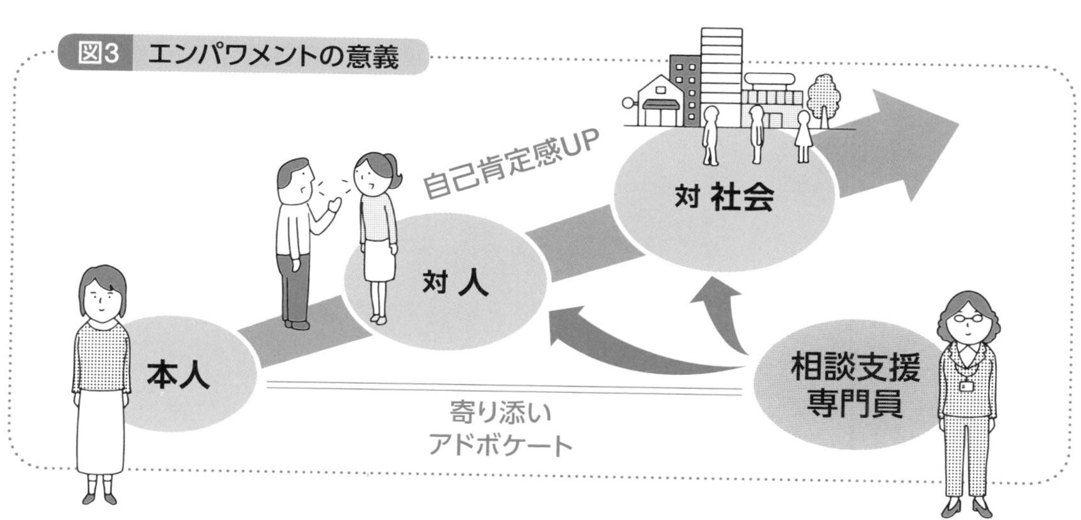

◆ エンパワメントモデルと寄り添い

このように、ケアガイドラインでは、エンパワメントモデルにおける寄り添いの意味を「信頼関係を形成する力」に込めたといってよいでしょう。つまり、専門的援助関係がなかなか結びづらい状況にある利用者であっても、ともに越えていくパートナーとしての意識を相談支援者と利用者双方が高めることから信頼感を構築していくという流れを想定しているのです。

◆ パートナーの承認

パートナーとして受け入れてもらうためには、まずは自分のテリトリーが侵されない安心感を得てもらい、相談支援専門員が「こちら側」の人間だという認識をもってもらうことで、「寄り添ってもよい人」として認めてもらうことからスタートする必要があります。社会から排除された経験をもつ利用者の場合には、周囲の人たちに対して警戒感をもっているためです。

◆ 寄り添いとは

「寄り添う」ということはどういうことでしょうか。自分の前に立ってグイグイ引っ張ることでもなく、後ろにいて押し出すことでもないですね。振り向くと横にいる「緩やかだけれど確かな」関係でしょう（図4）。

利用者の自己肯定感（自分が大切にされている）を下げず、自己効力感（やればできる）に徐々に結びつけていくパートナーといってよいでしょう。

図4 寄り添いのイメージ

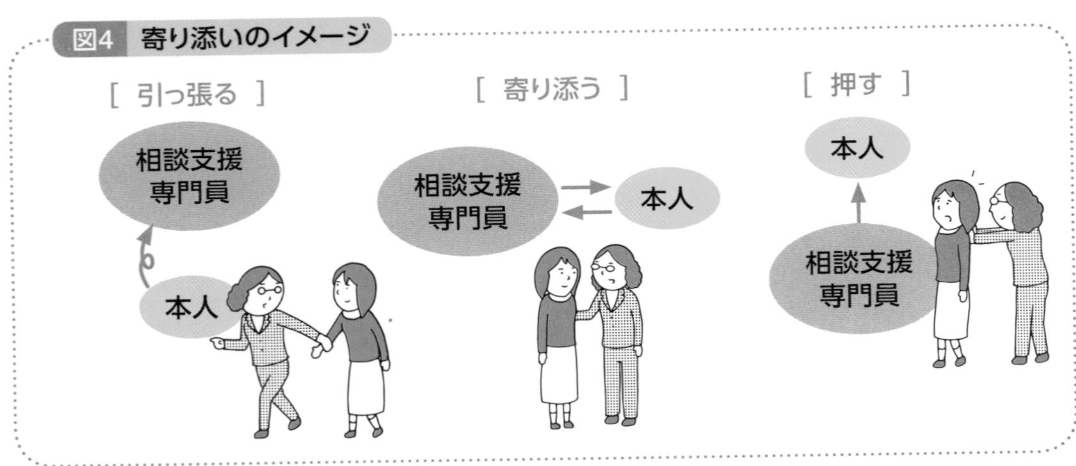

◆ 自己肯定感をどう上げるか

この関係を維持するには、利用者の気持ちの微妙な変化をキャッチしなければなりません。自分に気づいてくれなかったと利用者が感じると関係にズレが生じますが、このズレを気にするあまり、頻繁に利用者の気持ちをチェックし過ぎると過干渉となり、相談支援専門員への依存が高くなることになります。利用者が自己肯定感をしっかり保ち、相談支援専門員との距離の必要性を理解することで、いつの間にか横にいた相談支援専門員がずっと後ろにいるような関係をイメージしながら、利用者のパワーに変えるかかわりをしていきたいものです。

◆ 信頼をつないでいく

そこで大切にしたいのが、利用者の気持ちの変化を感じとれる感受性と、なぜそうなるのかに関心を寄せる好奇心、そして信頼のおける人につなげる力です。利用者がいつまでも相談支援専門員だけに頼るわけにはいきませんから、必ず誰かにつなげることになります。次の人へとうまくつながらなければ、これまでの信頼関係が崩れてしまうので、確かな人とのつながりが大切となります。

それでは、**ケース1　本人のペースを大切に ひきこもりの人への支援**（p.8～20）について、信頼関係がどのようにつくられたのかを、ポイントとともに見ていきましょう。

ポイント1　本人を脅かさないこと

相談支援専門員であれ、最初は利用者から警戒感をもって見られています。そのため、これまでの生活をいきなり変えることなく、今のままでよいし何かを変えなくてもよいというメッセージを送ることから始めています。いい感じで終われればOKですが、大切なのは無理はしないことです。

ポイント3　本人との関係づくりのなかで、本人が使う言葉を用いる

本人が大切にしている言葉をこちらも大切にすることで自己肯定感を崩さない工夫をしています。「友達」という数少ない言葉を相談支援専門員は意図的に使用して会話につなげています。「自分の言葉を使ってくれる人」という認識が美月さんとの関係を維持させています。

ポイント4　なじみの関係ができてから、信頼できる人のつながりで人を紹介する

信頼関係をつないでいくことは、自分が信頼関係をつくるよりもある意味難しいことだといえます。美月さんと相談支援専門員との間に十分な関係ができないままに、次につなぐことは決して行うべきではありません。寄り添いの位置に相談支援専門員と新たな支援者が並び立つまでは並行して歩むべきです。

ポイント6　本人と支援者のマッチングをする

利用者が支援者を見極める力をもっていればよいのですが、いつもそううまくはいきません。利用者の状況に支援者チームが寄り添っていく必要があるので、相談支援専門員は利用者に代わって、それを支援者たちに要請する立場にあります。マッチングはあくまでこちらが合わせるということです。

ポイント9　本人にとって嫌なことは言わない。喜びはみんなで分かち合う

支援しているメンバーすべてが本人との信頼関係を大切にしていくことで、利用者が誰に対しても自分の状況を話せる環境をつくっています。勘違いをしないでいただきたいのは、利用者を「崇める」ことをすすめているのではないということです。大切なのは、これまで自分を受け入れず評価をしてもらえなかったと考えている利用者に、受容的で非審判的なきちんとした対応をしていき、自己肯定感を取り戻すということなのです。

ポイント11　本人の希望をかなえるかかわりを続ける

念願のテーマパーク行きを決めた本人が、さらに上の目標にねらいを移していくことを支え続ける相談支援専門員の姿が示されています。自己効力感（やればできる）が高まるにつれて、美月さんのストレングスが徐々に明確になり、かなり下だった要求水準＝QOLが徐々に高くなるかかわりの意義がわかります。

スキル❷ 専門的面接技術

ケース3 意思表示をなかなか行わない人の意思決定支援

◆ 専門的面接技術の意義

ケアガイドラインでは、専門的面接技術の重要性について「障害者ケアマネジメント従事者は、利用者の感情表現を敏感に受けとめ、利用者の価値観を受容し、従事者自身の感情を覚知しながら、利用者の自己決定を促すような専門的面接技術の力を伸ばすことが大切である」としています。

◆ バイスティックの7原則

つまり、基本的にはバイスティックの7原則に沿った面接技術が要求されています。おさらいをしながら、コミュニケーションがとりづらい事案で求められていることについて解説を加えていきます。

1. 個別化の原則 Individualization

利用者をタイプ別に分類して決めつけた対応をするのではなく、一個人としてとらえて、さまざまな背景や可能性を考えながら話を聴くこと。利用者の「自分は他者と違うのだ」という気持ちを尊重することで、自己肯定感を高める意味がある。

2. 意図的な感情表現の原則 Purposeful expression of feelings

利用者の気持ちや感情を自由に吐き出してもらい、不安感や矛盾感といったマイナス感情、肯定感や効力感といったプラス感情を意図して引き出していく。それにより利用者が自らを客観的に見ることができる。

3. 統制された情緒関与の原則 Controlled expression of feelings

相談支援者が利用者の感情に左右されず、利用者のその感情の背景にある事由を探るために、冷静に感情をコントロールする必要がある。

4. 受容の原則 Acceptance

面談の際に、利用者から発信されるさまざまな言葉やサインを共感的態度で受け取り、利用者自身がもつ個性をあるがままに受け入れる。

5. 非審判的態度の原則　Non judgmental attitude

利用者がもつ価値観やこれまでの経緯について、批判することなく聴き、相談支援者の価値観を押しつけたり、善悪の判断をしたりしないこと。

6. 自己決定の原則　Client self-determination

利用者が問題解決の主体であることを念頭におき、利用者自身が解決の道を自分で決めることができるように環境を整える。

7. 秘密保持の原則　Confidentiality

個人情報保護の観点から、利用者個々にプライバシーの保護を約束し、相応の対策をとること、どのようなことでも利用者の了解なしには他に情報を提供しない。

◆ ケアマネジメントで求められる積極的姿勢

これに加えて近年求められているのが、エンパワメント・アプローチやアウトリーチなど、相談支援者が積極的に利用者との交互作用を生みだしていく方法です。ケース3にあるように、何を考えているかがハッキリせず、やる気も意思表示も見えにくい利用者の場合には、バイスティックの7原則をふまえつつ、相談支援者の「ワザ」が必要になります。

支援を受けることについて消極的な事例の背景には、以下のことが考えられます。

- そもそも問題だと思っていない、あるいは理解が難しい
- 困り感はあるものの、解決しようとする動機づけが弱い
- 課題に取り組むことに不安や面倒くささを感じている
- 相談やサービス利用について抵抗感がある
- 過去に支援を受けた際に嫌な思いをした
- 情報不足や誤った認識で支援に対する誤解がある
- 支援者（あなた）を信用せず、他の支援者を求めている　など

◆背景から考える

ですから、闇雲に説得したり、イライラしたりしても意味はありません。目の前の利用者がどのような背景をもっているかをまず考え、それを確認する作業を行うことから始めましょう。背景が何かを探ること、どのような理由で支援に乗れないのかを見極めることがアウトリーチの目的となります。そのために共感的態度を越えて「価値観のチャンネル」を合わせていくとか、受容を一歩進めて「利用者の想い」を引き出すといった積極的なアプローチが必要となる場面が多いことは、みなさんにもおわかりでしょう。

◆価値観のチャンネルを合わせる

「価値観のチャンネル合わせ」とは、不登校やひきこもり支援でアウトリーチをいち早く提唱した谷口仁史さん（認定特定非営利活動法人ステューデント・サポート・フェイス代表理事）が実践的に行っていることで、利用者の趣味や興味・関心にこちらが同じレベルで入っていくことから話すきっかけをつかんでいく手法です。子どもたちの対戦型ゲームにいつの間にか対戦相手として入っていったり、サッカーの相手をしたりするなど積極的に相手の興味関心に入っていく対応の仕方ですから、もし自分にゲームができなければ、できる同僚にお願いするなどの工夫も必要です。

◆想いをマップ化する

利用者の想いを引き出すことは、面接において単に傾聴するだけでなく、利用者の得意なことや苦手なこと、好きなことや嫌いなことなどを積極的に引き出す「突っ込み」をして、想いをマップ化していく流れです。支援側の思惑を捨てて利用者の言葉をストレートに受けとめていき、それを図上に表現することで利用者も気づいていなかった本当の気持ちを引き出していきます。そこに利用者や環境のストレングスを加味して、いかに望んでいる暮らしに近づけるかを一緒に考えて段階的目標をつくっていきます（図5）。

利用者と話をしても想いがわからないとき、試してみてはいかがでしょうか。

図5　想いのマップ

医療的ケア児の場合

今のところは

入所して５年。友人ができたが人工呼吸器があるため外出はできない。

抱えている課題

- 言語障がいがあるので意思疎通がうまくいかないと感じている。
- 施設以外の同年代の同じ境遇の人とやりとりを望んでいる。
- 施設外の介護を受けたことがない。
- 外の世界は全く知らないので何から始めたらいいかわからない。

本人と環境のストレングス

言語障がいがあっても言い方を変えて話をしてくる。小物づくりはセンスを感じる。体験の不足はあるが、吸収力がある。母親を大事に思っている。車いすのケアに詳しい。自分の夢をパソコンで示している。人工呼吸器の管理方法を学んでいる。人懐っこい性格で笑顔が多い。母親のサポートが強力。障がい者リーダーの育成助成金がある。家賃は高いがバリアフリーのアパートが探せそう。

今の気持ち

外の友達がほしい
社会に出るには
どうするの？

母一人なので楽をさせたい

いずれは社会に出てみたい

小物づくりが一番好き

人付き合いは好きだ

17歳女性。体力には自信がある。中学までは離島の特別支援学校の寮にいた。外の世界を知らないので興味はあるが、どのようにしていくのかわからない。

ここで、利用者の本当の気持ちを引き出していったケース３　意思表示をなかなか行わない人の意思決定支援（p.34～41）について考えてみましょう。

ポイント①　関係づくりとコミュニケーション／ポイント②　周囲との関係づくり

「ワンマンな父親でそのため母親も隆さんも苦しい状況にある」としても、それはこちら側の見方です。まずは相談相手と認めてもらうために、隆さんからみて最もかかわりのあった父親の話題から入っています。父親とどのようなやりとりがあったのかを具体的に話してもらい、それをきっかけに想いにつながる言葉を探していきます。

そして、母親の想いを受けとめ、むしろ味方に付けていくことで、隆さんとの意思疎通をしやすくしています。隆さんの胸中には母親の存在が大きくあり、母親が信頼する相手なら自分の気持ちを表現しやすくなると考えられます。

ポイント③　本当の気持ちはどこにあるのか

仕事について父親から単にやらされてきたものかどうか、仲西さんにより価値観のチャンネル合わせを行い、ポイント④「人を通じて気持ちの引き出しを図る」のように理屈ではなく実際の鉄筋工の作業を通じて、意思を確認しています。

望んでいるくらし

親と一緒に住まずアパートを借りて、自分の小物作品をきれいに飾りたい。たまに小物を探して旅をしてみたい。結婚はまだ先かな。

外の友人がほしいが……

率先して物事をするのは苦手

パソコンは得意

金銭感覚はあまりない

段階的目標

サークル仲間と作品づくり
↑
アパート探しを友人とする
↑
小物づくりの仲間と海外へ行き見識を高める
↑
卒園時に身体障がい者対応のグループホームへ
↑
サークルに参加し同年代の友人を探してみる
↑
Kさんの知り合いであるショップ店長から小物づくりサークルを紹介してもらう
↑
同室の仲良しのKさんと小物探しのためショップへ

ポイント5 代わりに言うのではなく、上手に促す

相談支援専門員は、隆さんが自ら鉄筋工を続ける意思表明を行うように支えています。この意思表明支援の大きな意味は、隆さん自身が周囲に自分の気持ちを伝えることで周りの人たちの彼を支える気持ちを高めることにあります。

ポイント6 「誰かと一緒ならできる」は、1人でできるより意味がある

隆さん1人では到底できないことでも、仲西さんの力を借りて、仲西さんの人柄も味方につけて意思決定がなされていくことによって、より強い絆が築かれてこれからも進んでいくことが確認できるわけです。

ポイント8 続けるための微調整は重要な任務

現在の隆さんや母親の生活の流れがそのまま続くわけではなく、相談支援専門員が将来起こるであろう課題を想定しつつ距離感をもって（他の支援者を立てて）見守ることになっていきます。母親の病状や不安定な会社の事情を考えると何らかの形で相談支援専門員のかかわりが続くことになります。

スキル❸ ニーズを探し出すアセスメント力

ケース2 「障がい」をめぐる親と子どもたち

ケアガイドラインにおいてアセスメントは最も大切なプロセスになると考えられます。その理由は、ニーズが単なるサービス利用の必要性ではなく、利用者の想いに寄り添うためのヒントとなっているからです（図6・図7）。以下に説明していきます。

◆ ニーズとは?

ニーズは「生活課題」とも表現されますが、その課題に行き着くまでの思考のプロセスのなかに大切なことが隠れているのです。ケアガイドラインが示したかったのは、この思考のプロセスをケアマネジメント従事者（相談支援専門員）がきちんとふまえるということです。そこには、利用者の主体性を引き出すエンパワメント・アプローチの考え方が示されています。

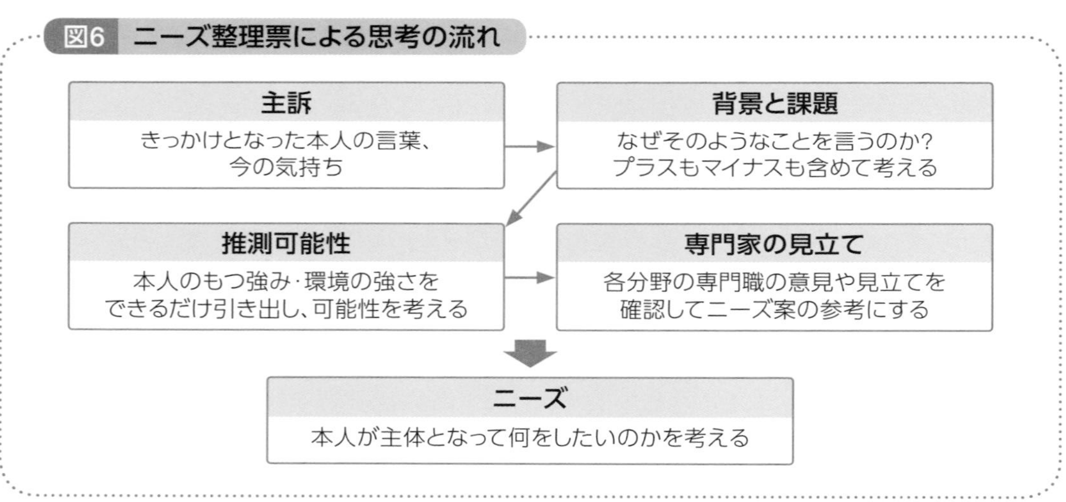

図7 ケアマネジメントにおけるアセスメントの段階

相談支援専門員による一次情報
（本人・家族からの聴き取りや周辺からの情報収集）

専門家による二次情報
（医療・司法など専門職による所見）

ケア会議による三次情報
（支援にかかわる職種による支援計画策定）

出典：野中猛『ケアマネジメント実践のコツ』筒井書房、2001年、p.100を一部改変

◆ アセスメントの2つの側面

支援者はその想いを見いだすために、①多方面から利用者の情報を集めて、②さまざまな角度から見立てを行います。ですからアセスメントという言葉の意味には、情報の集め方と情報の見立てという2つの側面があります。

◆ 情報を集める

情報の集め方について考えてみましょう。

まず、何を聴くかです。ケアガイドラインにおいてはアセスメントシートが示されました。この意味は、利用者の視点に立って、現在の生活状況や受けている支援に加え、1 生活基盤、2 健康、3 日常生活、4 コミュニケーション・スキル、5 社会生活技能、6 社会参加、7 社会・就労、8 家族支援の8領域について聴き取り、さらに希望する暮らしについてイメージすることを推奨したことにあります。聴くべきポイントをある程度平準化することで、アセスメントの内容が担当者によりバラバラにならないように配慮したのです。現在は、図8の一次アセスメント票（情報の整理票）が活用されています。

図8 一次アセスメント票（情報の整理票）

一次アセスメント票（情報の整理票）

受付No.	作成者氏名	作成日

ふりがな		性別	住所	（〒　－　）
氏名				
生年月日	歳		連絡先	

本人の要望・希望するくらし、困っていること・解決したいこと

家族の要望・希望するくらし、困っていること・解決したいこと

希望する一日の流れ

本人　平日／休日　6　9　12　15　18　21　24　3

生活状況[普通の1日の流れ]

本人　平日／休日　6　9　12　15　18　21　24　3

〔その他の1日の生活の流れ〕　※いくつかの1日の生活があれば、別紙に記入

本人　6　9　12　15　18　21　24　3

本人の概要　生活歴（病歴含む）

〔ジェノグラム〕　〔エコマップ〕

利用者の状況

項目	状況・意思			支援者の気づき	
	現状	本人の希望	本人の選好	記入者	記入者以外（専門的アセスメントを含む）
1 生活基盤・日常生活に関する領域					
住環境					
経済環境					
2 社会参加に関する領域（教育、就労を含む）					
趣味・旅行・レクリエーション					
当事者団体の活動					
自治会への参加					
その他各種社会的活動					
就労					
3 コミュニケーションや意思決定、社会生活技能に関する領域					
意思表明					
意思決定					
他者からの意思伝達の理解					
コミュニケーションツールの使用(電話、FAX、パソコン、タブレット、インターネット)					
対人関係					
屋外移動やその手段（長距離、近距離）					
金銭管理					
4 日常生活に関する領域					
身辺のこと					
調理					
食事					
入浴					
清掃・整理整頓					
洗濯					
書類整理・事務手続き					
買い物					
5 健康に関する領域					
体力					
健康状態					
医療機関利用状況					
医療費・健康保険					
障害					
6 家族支援に関する領域					
父母					
姉					
姪					

対応者所見のまとめ

出典：「相談支援従事者研修のプログラム開発と評価に関する研究（研究代表者：小澤温）」平成28年度～29年度総合報告書、p.61～64を一部改変

◆ 誰から聴くのか

情報を集める場合に「本人から聴く」ということはもちろんですが、家族やこれまで関係してきた人々からの情報も重要です。また、利用者にかかわっている関係機関や専門家など聴ける相手は多くあるといえます。しかし、聴くという行為は大変なエネルギーを使うものですから、相談支援専門員の限られた時間のなかではすべての関係者に当たるには限界があります。どこからどのように情報を集めるのが最も適切、かつ有効なのかについてよく考えて動く必要があります。

◆ 有益な情報とは

ケアマネジメントにおいて必要な情報とは一体何なのか、これは後で述べる見立てと関係します。つまり、見立てにとって必要な情報を集めるというのが本来の姿です。ニーズの背景となっている出来事、本人の特性や志向、生活環境や人間関係などについて掘り下げて聴くほうが、浅く広い情報を得るよりも意味があります。本人の発言や表情、そのときの行動、周囲の反応などリアルに場面が浮かぶような情報は、本人の想いにもつながる有益な情報となります。

◆ ケア会議でニーズを「確認」する

さて、専門家の所見なども含めて情報がある程度そろえば見立てを行います。見立ては支援に携わる多職種で行われるケア会議＝個別支援会議で行われます。現在なら相談支援専門員はそこにサービス等利用計画の案を提出して意見のすり合わせを行います。ニーズとサービス内容しか提示されなければ、議論はサービスの提供方法に集中しがちですが、メンバーで利用者のニーズそのものを見立てるのであれば、ニーズ整理票や想いのマップ（P.122・123の図5）のようなたたき台が必要です。

◆ ニーズを「探し出す」

さらに、利用者の対応に苦慮しているような場合、新たな手段を見いださなければなりませんから、ジェノグラム、エコマップ、ヒストリー、地域マップ、家屋図など、視覚的に把握できる情報に落とし込んで情報の再収集や再分析を行うことで、見えなかったニーズや解決策を探すことがあります（図9）。個別支援会議で事例を検討する際に、こうした視覚化や情報の追加により、利用者支援の新たな可能性を引き出すことができます。

図9 ジェノグラム、エコマップの例

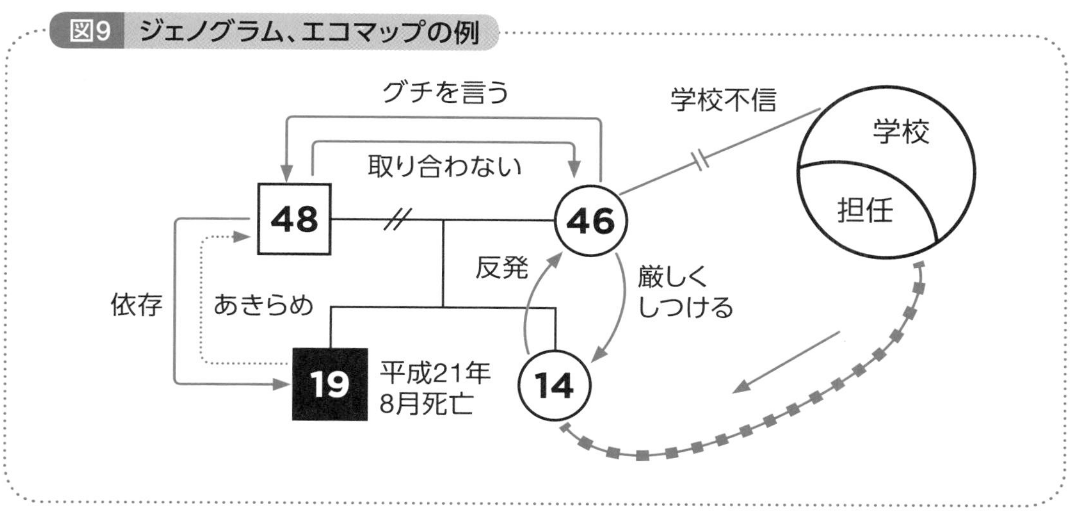

あらためて**ケース2 「障がい」をめぐる親と子どもたち**（p.21～33）について見ていきましょう。この事例は、ADHDであるゆかりさんが引っ越し後の片付けがうまくできないことや長男の発達や子育てについて悩んでいるところから支援が始まっていますが、その後、自身の障がいという課題、そして弟も含めた子どもの課題へとニーズが広がっていくものでした。

ポイント1 子どもたちも視野に入れておく

引っ越しで環境が変わったゆかりさんの訴えは、障がいのある子どもを抱える母親として当然のものであるのでそれを重要なニーズと受けとめつつ、これまでの子どもとの生活で直面してきた課題にも視野を拡げてキャッチしていくことが示されています。

ポイント2 本人の言葉を大切にする

相談支援専門員のとらえたことが正しいのか、あらためてゆかりさんの言葉で確認をすることで、とらえたニーズのズレを最小限に留めながら進めていくことが示されています。

ポイント3 自身の障がいとの向き合い方

二次アセスメントとして専門家によるゆかりさん自身のADHDへの対応の必要性が示されています。ニーズを専門的視点でとらえ直すことで、保育所や育児面での対応方法の再検討が行われる可能性があり、それまでの見立てが変わる可能性があります。

ポイント4　子どもたちにも焦点を当てよう／
ポイント9　障がいのある子どもの「きょうだい」たち

２人の子どもそれぞれの目線に立ってニーズを見てみるという姿勢が示されています。いわゆるきょうだい児問題が後にもでてきますが、多くの課題を抱えた母親の目線では子どもそれぞれの想いをとらえきることができませんから、相談支援専門員がしっかりとサポートしてニーズを個別化し、対応する必要があります。

ポイント5　面談の場面設定を工夫しよう

主となる相手によって面談環境を変えることで同じ問いかけにも異なる反応が見られることが記されています。子どもから何かを引き出すときには、特に周りにいる人や遊具など物理的な環境が大きな差をもたらすことがあります。

ポイント6　母として、自分として

あらためてゆかりさんの想いを聴いています。「一度聴いたから終わり」なのではなく、支援の途中でしっかりと想いを語ってもらう機会をつくることで、アセスメントの方向性に確信がもてます。

ポイント10　子どもたちの権利擁護

ゆかりさんの支援が形になり、落ち着きをもって生活が始まってみると、虐待につながるような兆候を見逃さず、予防的な支援を考える段階が見えてきました。子育てに対する支援という中心的なニーズがなくなったわけではありませんが、生活に慣れた時点でこうした視点を入れておくことで、急激に深刻な問題にならないような工夫が必要となります。

スキル❹ サービスの知識や体験的理解力

ケース5 知的障がいのある人の介護保険へのゆるやかな移行

ケアガイドラインが策定された当時は支援費制度下でした。初めて「サービスを自分で契約して使う」という形が始まった頃です。利用者のなかにはどのようなサービスをどの程度選んでいくのかについていきなり自由が与えられてしまい、かなり混乱があった時期でもあります。

支援をする相談支援専門員側にもサービスの知識、あるいはそれが実際にどのように利用者に効果を及ぼすのかについての体験的理解力（実際に使っている場に立ちあってサービスの内容や質を確認する）が求められたわけです。

これを現在の障害者総合支援法下で考えてみると、障害支援区分の認定があり利用できる金額も障がいの重さに応じて決められているわけですから、支援費制度に比べるとサービスの量については枠が決まっているため、選択の余地は限られます。

しかし、サービスの内容やその幅については当時とは比べものにならないくらい広がっていて、そうした幅が広く選択肢が多いなかで、優先的に使っていくサービスについて利用者との間で合意をする作業や、多くのサービス事業所との調整を行うといった作業は、以前より密度が高くなっているといえます（図10）。

図10 多くの選択肢に悩む相談支援専門員

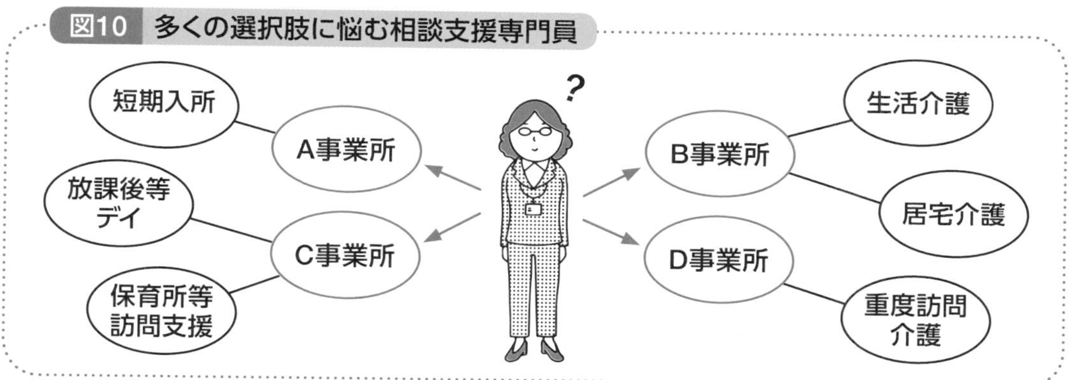

そうなると、あらためて体験的理解力をどれだけもてるかがより大きな鍵となっていくわけです。サービスを決定する前に利用者とともにサービスの「お試し」を行い、事業所の場の雰囲気やスタッフの対応を確認することにより、相談支援専門員自身がサービスを疑似体験し、理解を深めておくことが大切だということです。

それは事業所にとっても大切で、利用者に合わせた細かな組み立ての調整やスタッフとの相性、介護方法の検討など事前に行いたいことを利用者から学んでおくことになります。

ましてや、高齢障がい者の場合には、介護保険の併用ということもありえますし、精神障がい者や医療的ケア児、難病の場合には医療的支援は必須となりますから、それらの分野のサービス事業所や医療機関のケアのスタンスも学んでおかなければなりません。

また、地域で暮らすという意味では、公的サービスだけでなく、地域の独自の社会資源を活用した居場所や宅食活動などを組み合わせて使うことも大切になってきました。

これらの地域独自の資源は、注意深く意識しなければなかなかつながるものではありません。普段から地域住民や地域自治組織、支援に協力的な企業などと関係づくりをすることで、活動の内容を体験的に理解するだけでなく、利用者に合った居場所や支援の形をつくり出していくことにもつながるでしょう（図11）。

図11　地域の資源との関係づくりを意識する

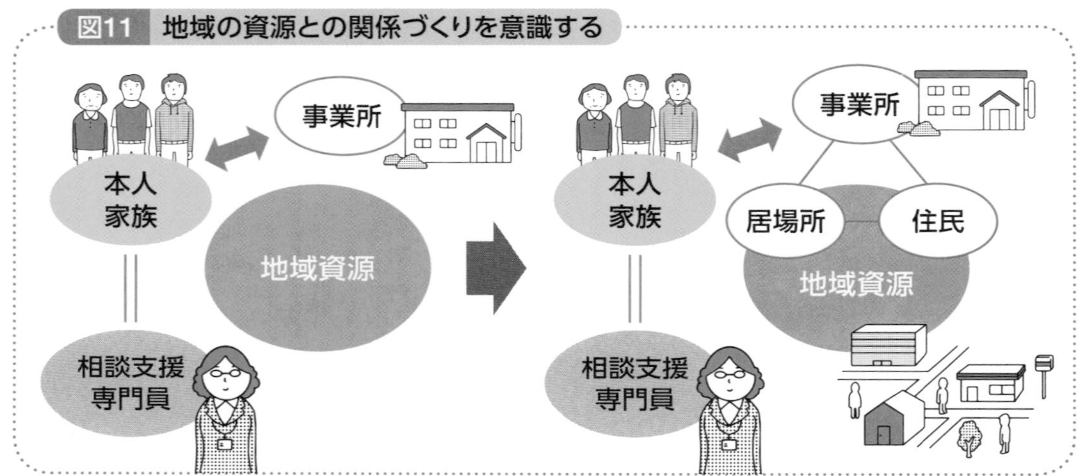

障害者総合支援法に基づく自立支援給付が行われるようになり、ケアガイドラインがつくられたときよりも地域生活支援がより現実的なものとなったため、体験的理解の意味はより深化しているといえます。

さて、ここからは、**ケース５　知的障がいのある人の介護保険へのゆるやかな移行**（p.56～63）に関してサービスの体験的理解力がどのようにして実現されているかを見ていきましょう。

ポイント1　本人が大切にしていることをキャッチする

「あの人いい人だね。あの人のところがいい」という人との関係性を重視したみどりさんの発言が重要です。高いパフォーマンスを発揮する事業所よりもみどりさんを大切にしてくれそうな人のいる事業所が合っているという点はチームとしてしっかり共有すべき点です。専門職チームはややもすると効率性や効果性を重視しがちですが、相談支援専門員は本人の状況をしっかりととらえ、体験的理解についてチームの意思統一を図る役割があるのです。

ポイント2 タイミングを計る

みどりさんはがんの宣告を受けているので、専門職側はさまざまな対処を想定しておく必要があります。特に医療者からは早期の治療導入をすすめる声は大きくなるでしょう。しかし、緊急時を除き、その介入時期はみどりさんの自己決定によってしか決められません。相談支援専門員は各専門職との協議のなかでケースバイケースの案を用意しておき、信頼のおける訪問看護師を念頭にみどりさんとの関係がどこかで築かれていくように配慮をしておく必要があります。いざというときに依頼ができる支援サービスを確保していることはとても重要なのです。

ポイント3 第一印象を大切にしながら関係性をつくる

介護支援専門員は介護保険制度に詳しいですが、精神障がいや知的障がいのある人に対し、ある意味苦手な気持ちがあることが多いです。これは利用者がこれまで培ってきた「障がい文化」を介護支援専門員がいきなり理解できないことから来ています。文中にあるコミュニケーションのもち方以外にも、価値観、家族観、社会観には幅があって、どう向き合ってよいのかとまどうわけです。そのため、相談支援専門員としては、これからの支援の中核を担う介護支援専門員と利用者との信頼関係が醸成できるまで2人でかかわったり、状況を共有するなどして焦らず移行を進めなければなりません。

ポイント4 誰が情報をまとめるかをはっきりさせる

みどりさんの当初のまとめ役は相談支援専門員ですが、介護支援専門員へ徐々に移行していきます。だれがまとめ役になるとしてもチームのなかにいることが重要です。保健師が家族関係の調整に入ったとしても、丸投げせずにチームの一員として自覚をもってもらい、必要に応じて会議に出席を求めたり、情報共有を徹底させたりする必要があります。

スキル5 社会資源の改善及び開発に取り組む姿勢

▶▶ ケース8 地域とのかかわりを大切にする

▶▶ ケース9 空き店舗対策を使って地域での拠点づくり

社会資源とは、利用者のニーズを解決するために使えるヒト・モノ・カネ・情報や制度などすべてのものをいいます。支援者はもちろん、本人自身も重要な社会資源です。

ケアマネジメントでは、ニーズをしっかりとらえてから最適な社会資源に結びつけるという絶対的な原則があります。利用者のニーズをしっかりとらえ、そのニーズに応えるために最適な社会資源を結びつけるという意味で、決してあり合わせの社会資源ですませてしまわないことを示しています（図12）。

ケアガイドラインでもそれを重要視しているのですが、これはケアマネジメントの構造と関係があります。利用者との信頼関係をつくり、時間をかけてアセスメントを行った末にたどり着いたニーズをいい加減な社会資源で台無しにしてしまうと利用者のパワーを下げてしまうことになるからです。

図12 ニーズから社会資源

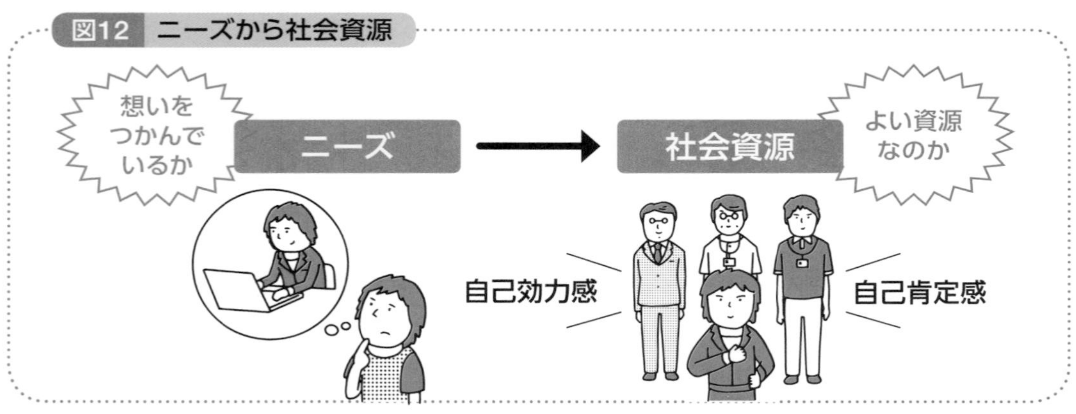

言い換えると、社会資源が適切かどうかは最終的には利用者がどれだけ自己効力感（「やればできる」という感覚）や自己肯定感（自分が大切な存在だと感じられる）を得たか、つまりエンパワメントにつながり、ケアマネジメント全体の評価につながるのです。

◆ 社会資源の改善及び開発の２つの意味

さて、ケアガイドラインでは「社会資源の改善及び開発」と表現していますが、それは既存の社会資源を利用者に合うように改善するという意味と、全く新しく利用者に合った社会資源を創り出すという２つの意味を含んでいます。

現行の「社会資源を改善する」とは、制度や地域資源を使いやすくする（アクセスビリティの改善）とか適用範囲を広げる（柔軟な対応）、より手厚いものにする（効果の拡大）といったものを指します。

図13 社会資源改善の発想法

- 対象が他でも使えないか（制度の応用）
- 「ついで」はないか（運行ルートの見直し、業務の改善）
- 兼用ができないか（建物の兼用、車輌の相互利用）
- 少しお金を出せば使わせてもらえないか（関係しそうな事業にon）
- 教育的に使えないか（学生の学習機会、地域住民の生涯教育）
- 利用者が役に立つか（利用者がいると和む、元気づけられる）
- 地域に利益が還元できないか（地域課題の解決につなげる）　など

図14 現行の社会資源の改善例

- 高齢者給付のIH機器を障がい者にも拡大
- コンビニで中継するデイケア送迎車
- 郵便局員と水道検針員による見守り
- 自動車教習所の送迎バスで買い物
- 知的障がい者と精神障がい者が支え合うグループ就労
- 作業所をネットワーク化して得意な作業を交換
- 公営住宅内のグループホームが地域のつながりを回復　など

◆ 社会資源の開発はハードルが高い？

一方、社会資源の開発とは、新たな社会資源を創り出すことであり、利用者にとって「あったらいいな」という制度や地域資源を企画して実現することです。新たな仕組みをつくるというと大変な労力がかかりそうですね。

確かに、まったくの白紙の上に一から絵を描くとするとどこから手をつけていいのかわかりにくいと思いますが、先進地域ではたいがい必要な制度や施策は整備されているので、その情報を得ながら、わがまちにあった内容にリメイクしていけばよいのです。

行政の制度となると、ある程度多くの利用者が見込まれなければ予算化につながらないということもあり、そのためのデータ収集や賛同する住民の声を集めるなど綿密な準備が重要となります。

◆自立支援協議会を活用する

相談支援専門員は、制度の改善や新たな地域での仕組みづくりのために、自立支援協議会を活用していきます。自立支援協議会は、ケアガイドラインが策定されたときにはなかった機関なので、相談支援専門員にとっては大いに活用するべき場といえます（図15）。

ただし、自立支援協議会に参加できていない相談支援専門員が多くいるのも事実です。その理由は個別支援会議の運営にあるようです。個別支援会議において利用者にとって重要であるけれど不足している社会資源について具体的な提起がなされ、それを自立支援協議会の部会で議論するという流れができていないことが理由として考えられます。

図15 自立支援協議会の機能と役割

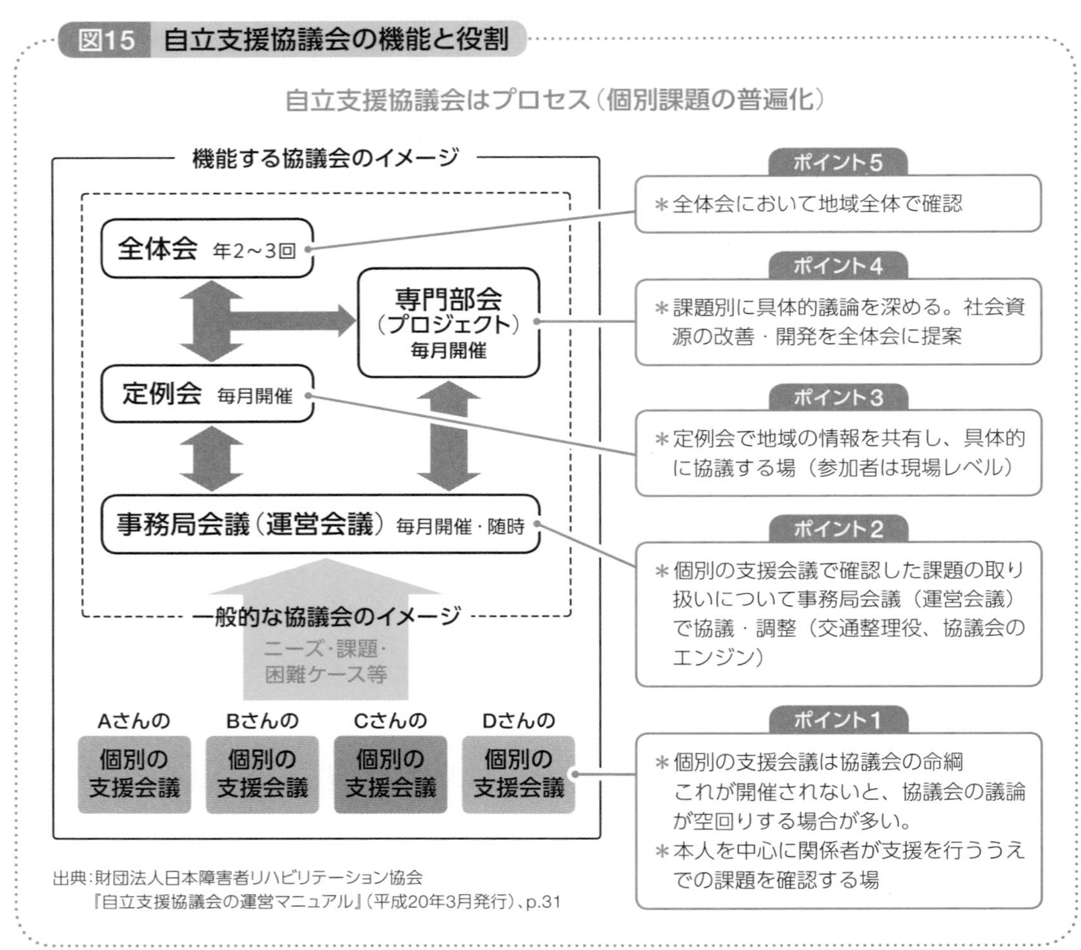

出典：財団法人日本障害者リハビリテーション協会『自立支援協議会の運営マニュアル』（平成20年3月発行）、p.31

新たな社会資源の改善や開発は、当初、一利用者のためであっても、その影響は地域全体へと波及していきます。一方で業務に追われる相談支援専門員にとっては手を付けづらいものでもあります。自立支援協議会のような組織力を活用して部会の仲間とともに大切な資源を創り上げていけるとよいですね。

さて、ここからケース8　地域とのかかわりを大切にする（p.91〜98）における社会資源について見てみましょう。相談支援専門員は、知的障がいのある修さんがストレスから窃盗に走っていることについて、対応する力が不足している両親をサポートする形で専門家による会議を招集して支援を検討しました。

ポイント5　利用者の主体性を大切に／ポイント6　専門職の力を借りる

地域から危険視されている修さん一家が、いきなりは地域の理解を得にくいことから、修さんの想いやパワーを見立ててからその強さを地域の人たちに理解してもらうことから始めることをすすめています。感情的になりがちな地域との関係に専門職の冷静な見立てを入れることで地域の理解を得るきっかけをつくろうとしています。同時に修さんが主体的なパワーを発揮して仕事などに取り組むことで周囲の協力を引き出すというねらいがあります。

ポイント7　地域資源の開発は相乗効果で実現する

パチンコ店の店主が地元の商工会に修さんの仕事について働きかけをしています。これは、パチンコ店が浪費をさせるだけのマイナスイメージから障がいのある家族を支えるために配慮ができるというプラスイメージへ転換するきっかけとなり、パチンコ店自体が有用な資源となる好例です。さらに、就労継続支援B型事業所の後ろ向きな態度は放置せず、修さんの受入れを表明している企業と臨床心理士とのやりとりをみてもらうことで、今後の発達障がいのある利用者の受入れにつながるような仕掛けをしています。

ポイント8　地域住民の本業を支援に活かす

役職としての関係よりも同級生といった地縁や仕事のうえのつながりが優先される地域のルールが示されています。最も重要な社会資源はこのような人のつながり（「ソーシャル・キャピタル」ともいいます）であり、本業もそういった地域のつながりを通じて発揮されることでより達成感のあるものになるといえます。

次に、ケース9　空き店舗対策を使って地域での拠点づくり（p.99〜109）についても見ていきましょう。

ポイント2　他分野他職種との連携は、相手を知ることから

商売人にとって“障がい者”という存在は、自分が家族でもない限り特に意識することのないものでしょう。商売上も利益につながるとは考えないのが普通です。何を訴えていけばよいのかわからないときには、まずは相手の状況をアセスメントすることです。商店街のおかれている状況やそれに対してできることはないか、利用者とともに考えて取り組む姿勢を示すことで理解を得ていくしかありません。

ポイント3　視点の違う人（他分野の人）とのかかわりが視野を広げる

地域で暮らすことが利用者にとっての当面の目標であるとすれば、そこに必要なのは地域の人とのつながりです。病院や施設の職員とは違い、時には価値観がぶつかるような人ともかかわることになりますが、その多様性にこそ地域に生きる価値があります。それに怯まず財産としてため込んでいく懐の深い居場所にしていく必要があります。

ポイント6　一緒に働くということは、お互いの苦手なことも含めて理解しあうこと

社会資源のもつ魅力は、利用者が単なる利用者ではなく、この場をどう発展させていけばよいのかという担い手としての意識をもてることです。それが自分自身の自己肯定感を高めて治療にも意識を向けられますし、何か資格に挑戦しようと考えるきっかけになるかもしれません。単に場を構えるだけではなく、そうした利用者間のよい関係性を引き上げる工夫も大切になります。

ポイント8　地域の人とのかかわりが本人の成長につながる

商店街のイベントに参加したり、販売を通じて顔なじみが増えてくると、自然と街の風景に溶け込むようになってきて、商店街の人々にとっても精神障がい者という前に個人の名前が出てくるようになります。時間をかけて活動してきたことで完全とはいえないまでも地域の偏見を乗り越えてきた証でしょう。利用者のAさんが中心となっていよいよ利用者による主体的活動にシフトしていけば、次は“地域活性化”の象徴的な拠点となる可能性もあります。

スキル❻ 支援ネットワークの形成力

▶▶ ケース4 「おとな」という包囲網からの脱出

◆ ニーズと社会資源

ケアガイドラインが目指した支援ネットワークづくりとはどのようなものなのでしょうか。ケアマネジメントは、もともと病院や施設から地域へ移行するために考えられた仕組みです。地域生活を支援するために、ケアマネジャーにより利用者のニーズと社会資源を結びつけることが目的です（図16）。

図16 サービスに囲われたイメージ

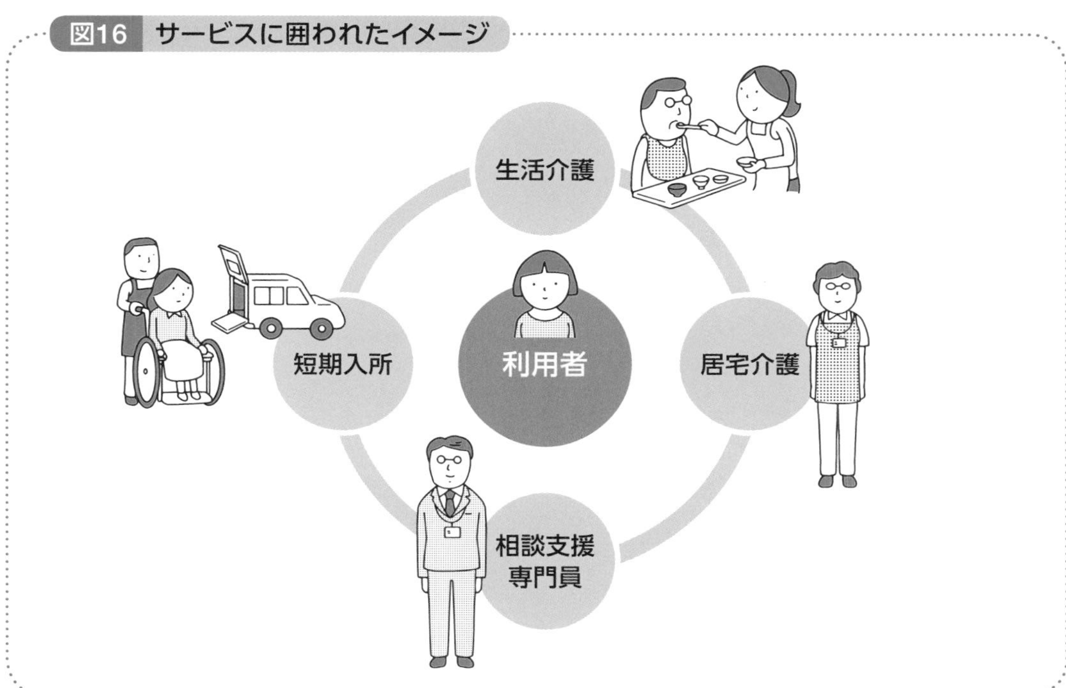

◆ 資源を結ぶネットワーク

ただし、それだけでは、利用者が地域の中でサービスや特定の社会資源に囲われた世界に留まってしまいます。利用者がいきいきと生活するためには、利用者を支える社会資源同士を結び、受け皿となる地域づくりを目指す必要があるのです（図17）。

図17　サービスや地域資源がつながったイメージ

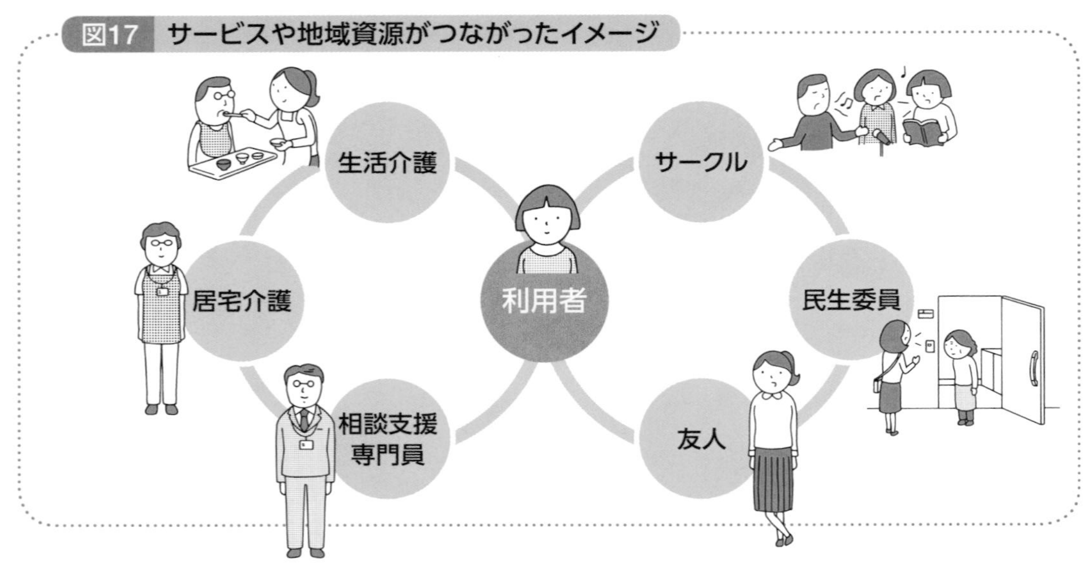

◆ 支援ネットワークと利用者のパワー

このような支援ネットワークがうまく機能すると利用者のパワーを発揮できるように地域が協力的となり、利用者も住民と協働して生活し、相談支援者はそれを理解して支えることができます。逆に利用者のパワーを下げてしまうときには、①ネットワークが利用者の単なる監視役になっている、②ネットワーク自身が別の目的をもってしまい利用者の想いをくみとれない、③ネットワークの構成員や組織がモチベーションを下げている、などの背景があります。

◆ ネットワークのメンテナンス

支援のネットワークは利用者の想いを共有して、同じ目的に向かって動く必要があります。そのために相談支援専門員はネットワークのメンテナンスを時折行うことが必要となるのです。地域住民も交えたいわゆるソーシャル・サポート・ネットワークにより利用者を支えるのであればなおさら、このメンテナンスは丁寧に行わなければなりません。

◆ ちょっとした声がけ

例えば、モニタリング時における声がけです。利用者にモニタリングを行う際に、事業所だけではなく、「モニタリングに来ていますよ」と地域資源のカギとなっている人にも一声かけておくことです。実際に参加しなくても、事後報告をしておくととても安心してもらえます。

ケアガイドラインでは、相談支援専門員が「サービス提供者に情報を提供したり、学習の場を提供すること」で支援ネットワークづくりをすすめるように、とあります。情報提供や学習の機会はネットワークの構成員にとってとても重要で、お互いを知る貴重な機会となります（図18）。

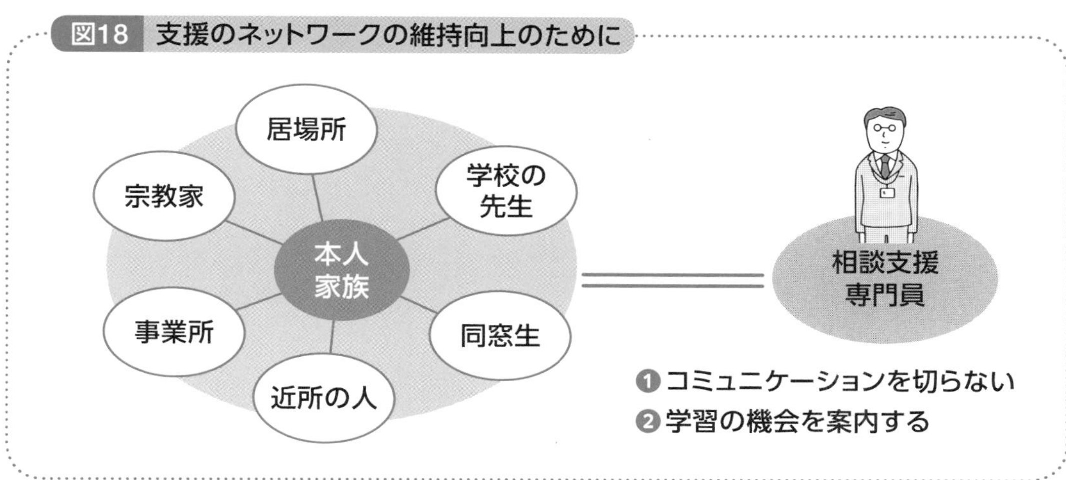

◆ 支え合いのネットワークと専門職のチーム

住民のつくる支え合いのネットワークと専門職のチームとの関係のとり方にも注目すべきです。専門職のチームは利用者の個人情報保護を気にするあまり、利用者を支えている住民を交えた協議を避けてしまいがちです。しかし、地域での暮らしを考えたときに主眼となるのはむしろ地域住民や地域自治組織、協力してくれるNPOや企業などとの関係です。この関係性を大切にしながら利用者の支援にあたるという感覚が、専門職のチームに必須のものとなるのです。

◆ 2つのネットワークを機能させる

相談支援専門員はその接点に利用者とともにいる存在です。利用者の地域での暮らしの質的な向上につながるように支え合いのネットワークと専門職のチームの2つのネットワークがうまく機能するように配慮しなければなりません。

それでは、**ケース4 「おとな」という包囲網からの脱出**（p.42～55）で考えてみましょう。

児童養護施設出身の春佳さんは入所施設でも落ち着かず問題を起こし続けていました。グループホームでの暮らしが決まり、障害者雇用でビル清掃の仕事も決まっていましたが、相談支援専門員には心を開いていない様子です。

ポイント1 希望のすり合わせ／ポイント2 信頼できる「おとな」として

春佳さんが一人暮らしについて「なるべく早く」と発言したことを相談支援専門員は重視しています。グループワークという段階を踏んでいることに不満があると感じた春佳さんは、支援者たちが自分を取り囲む監視のネットワークをつくっているととらえていると相談支援専門員は考えました。支援のネットワークづくりは支援者視点で考えられがちで、利用者の想いを実現するための前向きなものであると利用者自身が考えてくれなければ意味はありません。相談支援専門員は春佳さんが処世術を使わなくてもいい「18歳の彼女らしい」ネットワークづくりを目指す必要があるのです。

ポイント⑥　計画相談支援の設計も変更

春佳さんのように境界性パーソナリティ障害が主要因となっている場合、相談支援専門員のモニタリング頻度を上げなければ支援にかかわることができなくなります。支援のネットワークから相談支援専門員が外れるわけにはいきませんから、モニタリングの回数増といった行政との調整も重要になります。これは他職種も同様で、自分の所属組織がかかわりを制限することがないように、チーム全体でサービス等利用計画の見直しを早急に議論しておくことが大切です。

ポイント⑧　自分で決めたなら、そこを応援したい

児童養護施設→グループホーム→ビル清掃会社→就労継続支援A型事業所と、春佳さんとのかかわりの深い事業所の重点が変わり、徐々に自己決定が可能な環境へと移ってきました。障害者就業・生活支援センターと一緒に考えたA型事業所でようやく自分で決めた場所にたどり着いた春佳さんですが、彼女から見た景色（ネットワークの構成メンバーの姿勢）もしっかりと変わっていなければいけません。相談支援専門員の役割は、春佳さんが自ら決めた選択をチーム全体で評価するように調整をすることです。

ポイント⑨　春佳さんの成長と「支援」

グループホームを辞める決断をした春佳さんですが、生活の基盤そのものを変えることについてチームのなかから異論が出ることがあるでしょう。相談支援専門員としても判断に迷うところですが、春佳さんがなぜグループホームを辞めるのかについて、過去の経緯や現状から十分あり得ることだと判断しています。元の児童養護施設の利用者の愚痴に対して自分の意見を言うことができるといった成長を感じ、友人や先輩という「自分のつながり」でグループホームという支援策から抜け出すことの意味を、チーム内でも共有しておきたいところです。

スキル 7 チームアプローチを展開する力

▶▶ ケース6 学校との連携の中心に本人を

▶▶ ケース7 地域移行支援後の自分らしい暮らしを多職種で支える

ケアマネジメントの意義は利用者のもつ幅広いニーズを適切な社会資源に結びつけることにあります。多様なニーズには必然的に多くの分野の職種がかかわることになります。つまりケアマネジメントにはチームアプローチが必須となるのです（図19）。

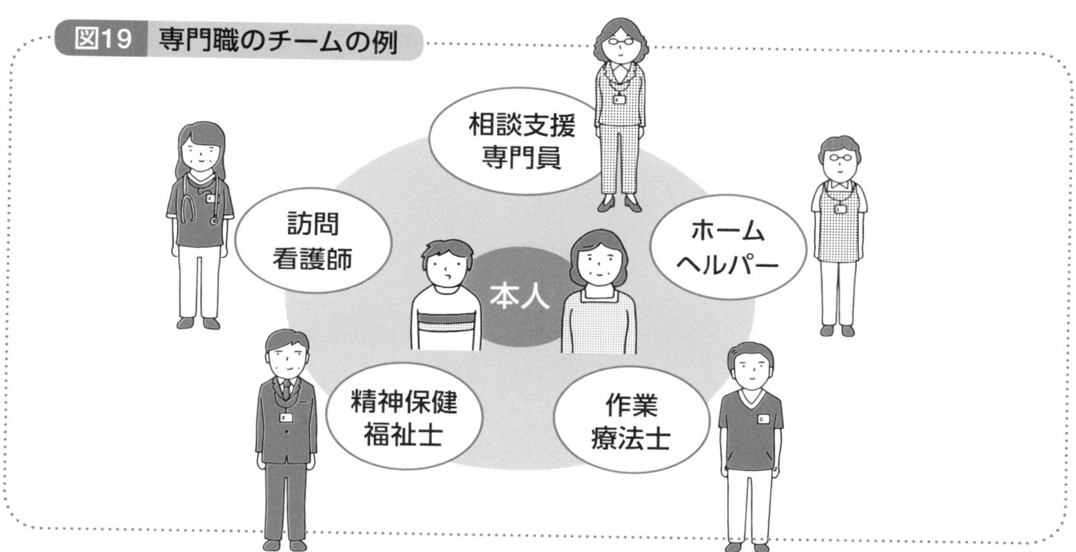

図19 専門職のチームの例

ケアガイドラインでは「チームワークの原則はチームを組む一人ひとりが対等な関係のもとに、必要に応じてケア会議を開催するなどにより、チーム内の合意形成や役割調整等が的確に確保されていることが必要である」とコンパクトに書かれていますが、実際に内容を精査すると多くの作業が含まれます。

まず、チーム構成員が対等となるためには、職責や職種による上下関係や権限の差を最小化しなければなりません。次に専門職間相互のコミュニケーションをとるためには「共通言語」が必要です。さらにケア会議のような場において各職の専門性を活かした適切な発言が引き出されなければなりません。

せっかく専門職がそろっていても、それぞれのよいアイデアが引き出せなくては意味がありませんし、その会議で次の行動が決まらなければ時間の無駄になります。司会役となる相談支援専門員は会議の運営について入念な準備が必要です。

参加者への事前の調整、立場を考えた参加者の選定、専門用語の解釈に齟齬がないように席上での確認、参加する利用者の権利擁護など多くの作業があります（図20）。会議が始まる前にどのような筋書きになるのか、ある程度の目鼻がついているとよいでしょう。

図20　個別支援会議における作業

相談支援専門員は、これらの点について配慮をしながら個別支援会議を通してチーム力の向上を目指していきます。慣れてくればできることかもしれませんが、何年かの経験を積まなければなりませんから、それまでの間は各職種との関係性づくりのために各職域の勉強会に参加するなどの努力も必要です。

また、相談支援専門員は地域での生活を支援する立場であることから、地域住民との協働関係を専門職のチームとしてどのようにつくるのかという課題も出てきます。地域住民と専門職のチームとの関係のとり方にも注目すべきです。本書の筆者である東さんが、利用者を「共感のプロ」、福祉を「つなぎのプロ」、その他の社会資源を「くらしのプロ」と整理してチームに取り入れるという提示をされていることは興味深いです（野中猛編『多職種連携の技術（アート）―地域生活支援のための理論と実践』中央法規出版、2014年）。

現実には、多くの専門職は利用者が暮らす地域のことをまだまだ知りません。相談支援専門員が最も地域との接点をつくることができる職種ですから、地域での利用者の生活ぶりをどのように伝えるかが課題です。利用者が見た地域アセスメントの結果を共有していくことも専門職チームをまとめるポイントになります。

チームアプローチを全体としてまとめると、**図21**のようになります。専門職のチームが地域の支え合いと融合していけばよいのですが、現実的にはこの形になるでしょう。専門職のチームが利用者本人だけでなく、その周囲にあるさまざまな地域資源とのつながりを意識してかかわりを調整することが求められます。少しでも多くの職種が地域支援に直接かかわる経験を積んでいけば、融合化はさらに進んでいくことでしょう。

図21 チームアプローチと地域づくり

ここからは、**ケース６　学校との連携の中心に本人を**（p.64～79）において、教育機関とのチームアプローチをどのように実現しているか、主なポイントを見ていきましょう。

ポイント③　言葉を確かめ文化を交流

福祉と教育分野との違いは、視点の違いともいえます。子どもが学校に馴染んで、のびのびと成長しているときは教育的には何ら問題はありませんが、その裏で子どもが無理をして周りに合わせていることを感じた相談支援専門員はそれを問題点としてとらえます。いざ不登校といった不適応が起こると学校では問題視されてしまいますが、相談支援専門員は現象面でなくその背景をしっかりと説明することで学校ではどのような対応をしていくのか、放課後等デイサービスではどのような機能を発揮するのかといった点を明確にしていく役割があります。

ポイント④　目の前の子どもから共通の価値観探し

ポイント③とも重なりますが、「特別支援学級＝バカにする」という成績主義、能力主義的な考え方は学校にありがちな価値観です。しかし、この価値観では障がいのある子どもは「排除」の対象となったままです。そこで生徒たちにあらためて光くんとの向き合い方について考えさせ、共に学ぶインクルーシブな学級づくりを目指すことこそ真の教育だと伝える必要があります。このように担任の考え方次第で光くんを中心としたクラスをつくることができると相談支援専門員は信じて取り組んで行くべきです。

ポイント⑤　安心できる場・人／ポイント⑥　学習環境と合理的配慮／ポイント⑦　定期的に利用している福祉サービスは大事

学校とは別の場である放課後等デイサービスでは、光くんは片意地を張らず、いきいきと過ごしています。また、担任は特別支援学級の担当をした経験があり、現状のチームはバランスがとれているともいえます。だからこそ、通例のモニタリング頻度にとらわれず、小まめに情報を得ることもできます。中学校進学という大きな環境変化に対応するためにはこのチームによる情報収集と共有は欠かせません。相談支援専門員による声がけはそのきっかけになります。

ポイント⑧　困ったときには外部の力も借りてみよう

通常のチームのなかでは解決が難しいと感じたときに、他の専門職の手を借りてアドバイスをもらうことでチームに気づきをもたらすことができます。ただし、このときに誰を呼ぶのかは慎重に判断したいところです。このケースでは発達障がい者支援センターの心理士であるので教育分野にも受け入れやすいですが、分野の重なりやあまりにズレたアドバイスはかえって逆効果になります。

ポイント⑨　光くんの力を信じて一緒に作ろう

チームの拠りどころとなる光くん自身がつくった「自分の気持ちノート」という方法は大変意義深いです。チームみんなで光くんを囲んで作成したものを共有することでチーム力につなげる、相談支援専門員の仕事として大切なアプローチです。

つづけて、ケース７　地域移行支援後の自分らしい暮らしを多職種で支える（p.80～90）においてチームアプローチがどのように活かされているか、主なポイントを見てみましょう。ここでは特に家族との関係が重要となります。

ポイント③　日頃の良好な関係が支援の幅を広げる

幸子さんの支援は家族の反対という壁を越えなければ実現しません。そのために、相談支援専門員は、訪問看護ステーションに本来なら算定できないような退院前訪問看護を複数回実施してもらい、３か月という期間をかけて退院支援を行っています。病棟スタッフもあきらめず外泊準備を続けたことで家族は限定的ながら幸子さんを受け入れることになりました。相談支援専門員と医療スタッフの普段からの綿密なやりとりがなければこうした対応は引き出せません。だからこそ相手の事情がわかり、相手が望んでいることに手を出せるのです。チームアプローチでは、このようにお互いが少しだけはみ出し合う姿勢も必要です。

ポイント4　専門的アセスメントを共有する

はみ出しとは異なりますが、相手がどう利用者をとらえているかという点に関心をもつことがチームとして機能させるために大切なことです。医療や心理といった専門的視点でのアセスメントが結果的に利用者をどう見立てることにつながっていくのか、相談支援専門員としてはお任せではなく、興味をもって確認することが必要なのです。確認することで、他職種からの信頼も得やすくなります。一方で「あなたの見立てはどうですか?」という逆の質問にも答えていく必要があります。それに答えることで（言語化することで）、チーム内での利用者理解を一層深いところで共有することができるはずです。

ポイント6　地域にある資源を利用する

チームアプローチにおける相談支援専門員の役どころは、地域資源の活用です。病院を地域の資源としてとらえると、地域に移った幸子さんがそれを外から利用する立場であること、それを幸子さん自身が主導して利用できるようにすること、医療スタッフがそれを意識して受け入れることなど、支援活動やケア会議を通じて徹底させていることは重要な点です。

ポイント7　支援会議（ケア会議）の工夫

相談支援専門員のもう一つの役どころはケア会議を効果的に回すことです。ケア会議で成果を上げるためには前述した図20(p.142)のように事前に多くの作業が伴います。流れを想定して情報を集め、メンバーを選定し、事前に情報を流して（根回しして）会議の趣旨を徹底したうえで行います。とりわけ新しいメンバーがいると、この事前調整は必須です。会議の進行では、ホワイトボードに意識を集めて、利用者が置き去りにならないように常に意思を確認しながら全員の意見を引き出して進めます。こうした場づくり（ファシリテーション）の技術は意識して学んでいく必要があります。

障害者ケアガイドライン

平成14年3月31日
厚生労働省社会･援護局障害保健福祉部

はじめに

ケアマネジメントは、生活ニーズに基づいたケア計画にそって、さまざまなサービスを一体的・総合的に提供する支援方法である。この支援方法は、障害者が地域生活するうえで必要不可欠なものである。そのため、障害者ケアマネジメント体制整備検討委員会（座長：白澤政和大阪市立大学大学院教授）を設置し、障害者の意向に基づきケアマネジメントが円滑に実施できるように「障害者ケアガイドライン」を検討してきた。

障害者に対する福祉サービスは平成15年度より支援費制度のもとで実施されることになるが、その際にケアマネジメントの方法が一層重要となってくる。その理由は、この制度のもとでは、障害者は自らサービスを選択することとなり、多くの場合、障害者の自己選択や自己決定を支援し、質の高い地域生活が得られるような援助が求められる。このためには、障害者の権利を擁護する立場からケアマネジメントがきわめて有効な手法であり、時宣を得たガイドラインになったと考えている。

そのため、本ガイドラインでは、障害者ケアマネジメントが必要となってきた背景を明らかにし、障害者に対するケアマネジメントの基本的な考え方やその過程の特徴を示している。この中で、「障害者主体」のケアマネジメントをいかに実施するかに焦点を当て、障害者に必要な地域の社会資源の改善・開発もケアマネジメントの重要な機能として位置付けている。

さらに、ケアマネジメントが円滑に実施されるためには、2つの要件が求められる。第1は、ケアマネジメントを実施可能とする地域の仕組み作りが必要である。第2は、ケアマネジメントを実施するケアマネジメント従事者の養成が重要となる。そのため、本ガイドラインでは障害者ケアマネジメントの実施体制を提示して、これら2つの課題への具体的な今後の対応方法についても示すこととした。

本ガイドラインを活用して、障害者に対するケアマネジメントの仕組みがそれぞれの地域で定着し、地域で生活する障害者を支援するケアマネジメント従事者が質量ともに充実することを期待したい。ひいては、支援費制度下において、利用者による福祉サービスの自己選択のもとで、障害者の地域生活が、質の高いものとなることを願っている。

1　障害者ケアガイドラインの趣旨

この障害者ケアガイドラインは、市町村等が障害者の保健・福祉等のサービスを提供していく上で、ケアマネジメントの援助方法を用いるときの理念、原則、実施体制等を明らかにし、これにより、ケアマネジメントを希望する人たちに、複合的なニーズを満たすためのサービスを的確に提供していくためのものである。

福祉サービス利用にあたっては、利用者の主体性・選択制が尊重されることが不可欠であり、障害者が障害種別に関わりなく、身近な相談窓口で福祉サービス等について情報を入手したり、相談できる体制が必要となってくる。この障害者ケアガイドラインは、総合的で調整のとれたサービスを一体的に提供するために、だれもが身近な相談窓口を利用できるようにとりまとめたものである。また、福祉サービスに関する新しい制度である支援費制度においては、相談支援体制の整備が強く求められており、ケアマネジメントの援助方法を用いた相談支援の確立が有効であり、かつ必要である。障害者ケアマネジメントを実施する場合、障害特性等を考慮することが必要であり、本ガイドラインを基本とした上で、従来示されている障害種別の身体障害者、知的障害者、精神障害者のケアガイドラインも活用して、効果的な障害者ケアマネジメントを実施することが望まれる。

2 障害者ケアマネジメントの必要性

障害者が地域で支援を受けようとする際に、地域ではサービスが広く散在しているため、サービスを利用しにくい状況にある。したがって、障害者が地域で生活することを支援するためには、生活ニーズに基づいたケア計画にそって、複数のサービスを一体的・総合的に提供する必要がある。

障害者は、地域で自分らしく主体的に生活することを望んでおり、単に福祉サービスを提供するだけでなく、障害者のエンパワメントを高める視点から福祉・保健・医療・教育・就労等のさまざまなサービスを提供する必要がある。

障害者ケアマネジメントは、このような観点からケア計画を作成してサービスを提供する方法であり、さまざまな生活上の課題がある中で、自ら希望する生活を模索していく障害者の地域生活を支援するためには、障害者ケアマネジメントの援助方法は不可欠である。

障害者がさまざまなサービスを受けようとするとき、障害者の生活ニーズに合ったサービスが求められている。障害者の生活ニーズと合っていないサービスが提供された場合には、サービス提供者と調整し、適切なサービスが提供されるよう働きかける必要がある。その際に、障害者自身がサービス提供者と調整するのが難しかったり、自分自身の意思を伝えられなかったりすることによって、障害者の抱えている課題が解決されないこともある。障害者ケアマネジメントは、障害者の権利擁護の観点に立って、生活ニーズと社会資源を適切に結びつける機能をもっている。障害者の自己決定・自己選択を尊重するためにも、障害者ケアマネジメントの援助方法を導入する必要がある。

3 障害者ケアマネジメントとは

障害者ケアマネジメントを簡潔に表現すると、「障害者の地域における生活支援するために、ケアマネジメントを希望する者の意向を踏まえて、福祉・保健・医療・教育・就労などの幅広いニーズと、様々な地域の社会資源の間に立って、複数のサービスを適切に結びつけて調整を図るとともに、総合的かつ継続的なサービスの供給を確保し、さらには社会資源の改善及び開発を推進する援助方法である。」といえる。障害者ケアマネジメントは、以下の点を考慮しながら実施される。

（1）障害者の地域生活を支援する

地域で生活している、あるいは生活しようとする障害者に対して、本人の意向に基づく地域生活を実現するために、総合的に支援する必要がある。そのために、ケア計画を作成し実施する障害者ケアマネジメントが必要である。

（2）ケアマネジメントを希望する者の意向を尊重する

ケアマネジメントの対象はケアマネジメントを希望する者（利用者）であり、地域生活を総合的に支援するためには、利用者の意向（要望）に基づいてケア計画が作成されなければならない。既存のサービスから出発するのではなく、利用者が望んでいる生活を明らかにし、その達成を支援するものである。

（2）利用者の幅広いニーズを把握する

地域で生活しようとすれば、福祉・保健・医療・教育・就労等各々のライフステージに応じた課題を含む、多様な生活ニーズが発生する。障害者ケアマネジメントは、これらの多様なニーズを満たすことによって、障害者の自己実現や主体的な生き方を支援するため、幅広いニーズを利用者とともに明らかにする。

（4）様々な地域の社会資源をニーズに適切に結びつける

障害者の生活ニーズに対応した社会資源は地域に広く散在しており、地域の社会資源を把握し、これらの社会資源を適切に結びつけることによって、障害者の地域生活を支援することが可能となる。社会資源とは、障害者の自己実現や主体的な生き方を支えるために利用可能なあらゆるものを意味する。

(5) 総合的かつ継続的なサービスの供給を確保する

障害者の地域生活を支援するためには、総合的かつ継続的なサービス提供を行う必要がある。したがって、ケアマネジメント従事者（障害者ケアマネジメントの全過程に携わり、その中心的な役割を担う者）は提供されるサービスをモニタリングし、障害者の生活ニーズに合致したサービス提供を図る。ケアマネジメント従事者は、利用者の権利擁護の観点から、サービス提供者と利用者の間に立つ存在であり、サービス提供者とケアマネジメント従事者が同一の組織に所属している場合、ケアマネジメント従事者の公正・中立を確保し、サービス提供者に利益を誘導することがないよう心がけなければならない。

(6) 社会資源の改善及び開発を推進する

障害者の生活ニーズに合致したサービスを提供するために、既存の社会資源を利用しやすくしたり、利用者のエンパワメントにつながるように改善し、また、利用者のニーズに合うサービスがない場合には新たな社会資源を行政・民間の協力を得て開発し、地域におけるネットワーク作りに貢献する必要がある。

4 障害者ケアマネジメントの基本理念

(1) ノーマライゼーションの実現に向けた支援

ノーマライゼーションの実現に向けて、障害のある人もない人も、だれもが住み慣れた地域社会で普通の生活を営み、活動できる社会を構築することを目指す。そのために障害者の地域生活支援をとおして、地域住民が積極的に障害者を支える仕組みをつくることも重要である。

(2) 自立と社会参加の支援

障害者の自立は、一人ひとりが責任ある個人として主体的に生きることを意味し、障害者ケアマネジメントは、自立した生活を目指し、社会経済活動への積極的な参画を支援する。

(3) 主体性、自己決定の尊重・支援

障害者のニーズに対応したサービス提供は、一人ひとりの考え方、生活様式に関する好み等を尊重しながら、リハビリテーションの理念からも、本人が自分の能力を最大限発揮できるように支援することが必要である。サービス提供のすべての過程において、利用者の積極的な関わりを求め、利用者と情報を共有し、利用者（必要に応じて家族又は利用者が信頼する人）が望むものを選択し、利用者（必要に応じて家族又は利用者が信頼する人）の自己決定に基づき実施することが重要である。

(4) 地域における生活の個別支援

障害者ケアマネジメントは、一人ひとりの利用者の生活を知り、抱えている課題や困難を理解し、利用者の生活を取り巻く家族や各種の社会資源、地域社会との関わりの中で個別支援をする。そのため、障害者に身近な市町村が中心となって、各種行政サービスや社会経済活動への参加の機会を提供し、地域社会において質の高い生活が継続できるように支援する。

(5) エンパワメントの視点による支援

障害者ケアマネジメントは、利用者が自己の課題を解決するにあたり、自分が主体者であることを自覚し、自分自身に自信がもてるように、利用者の力を高めていくエンパワメントの視点で支援していくことが必要である。

5 障害者ケアマネジメントの原則

(1) 利用者の人権への配慮

障害者は、ケアマネジメントについて十分な説明を受け、同意のもとにケアマネジメントを利用できるとともに、ケアマネジメント従事者、支援方法や手段等について選択することができる。選択にあたっては適切な情報が提供されるとともに、必要に応じて福祉サービス利用援助事業や成年後見制度を活用することができる。また、受けているサービスについて、苦情解決の窓口や運営適正化委員会を利用することができる。このような観点から、ケアマネジメント従事者はすべての過程において、利用者の権利が侵害されることのないよう最大限の努力をしなければならない。

（2）総合的なニーズ把握とニーズに合致した社会資源の検討

地域生活を支援するためには、利用者の身体的・精神的側面のみならず、日常生活面や文化活動・余暇活動などの社会生活面を含めて総合的にニーズを把握し、ニーズを充足する方法やニーズに合致した社会資源の検討（アセスメント）を行う。

そのためには、障害者ケアマネジメント従事者は、利用者と十分なコミュニケーションを図り、信頼関係を樹立する専門的援助技術が必要である。また、アセスメントは、利用者の生活全体を理解することが目的であり、その際、従来のできる・できないという問題点の把握だけではなく、取り巻く環境やその人のもっている強さに焦点を当ててアセスメントをしていくことが重要である。

また、日常生活面でのニーズを的確に把握するためには、相談窓口における相談だけでは十分でない場合があり、家庭訪問等を通して、実際の生活の場でニーズを把握することが必要である。ただし、家庭訪問については事前にその必要性を説明し、利用者（必要に応じて家族又は利用者が信頼する人）の了解を得た上で実施することが重要である。

（3）ケアの目標設定と計画的実施

相談を受けて利用者の総合的なニーズを把握し、その結果に基づき、利用者や必要な各種専門職と話し合いのうえ、期限を定めて具体的なケアの目標を設定し、具体的なケア計画を作成し、計画的にサービスを提供する。提供したサービスが障害者の生活状況の安定・改善につながっているかどうかを定期的に点検し、必要に応じてケア計画を見直し、サービスの内容を変更する。

（4）福祉・保健・医療・教育・就労等の総合的なサービスの実現

これまで、「福祉」は福祉事務所等、「保健」は保健所又は市町村保健センター、「医療」は病院又は診療所、「教育」は学校等、「就労」は公共職業安定所と、サービス提供機関が異なるために、サービスを利用しにくい状況にあった。また、それぞれの機関におけるサービスの提供も単体で実施されることが多かった。障害者が地域で生活するためには福祉・保健・医療・教育・就労等のサービスが総合的に提供されなければならない。

そのためには、各機関で提供しているサービスを十分に把握する必要があるが、利用者のニーズに応じたサービスが常に地域に存在するとは限らない。したがって、不足するサービスに関しては、サービスの対象領域を超えたサービス利用のための調整を図ったり、新たなサービスの確保や社会資源の積極的な開発に努める。

（5）プライバシーの尊重

複合的な生活ニーズに対応して総合的にサービスを提供するためには、各種専門職等のチームアプローチが必要であるが、その場合には、各種情報の共有化が前提条件となる。この点について、利用者（必要に応じて家族又は本人が信頼する人）に十分に説明し、了解を得ておくことが必要である。障害者の地域生活を支援するためには、専門職のほか、障害者相談員、民生委員、ボランティア等の支援を活用することもあり、その際、利用者及びその家族のプライバシー保護が特に重要である。

同時に、支援活動で知り得た情報は、他に漏らしてはならないことを十分に徹底する必要がある。

6 相談窓口

相談窓口は、障害者ケアマネジメント従事者が常駐し、福祉・保健・医療・教育・就労等に関わる相談を総合的に行い、社会福祉施設の入所の紹介等、そこで解決できるニーズに対してはそこで解決する。相談窓口だけでは解決できない複合的なニーズを満たすためには、チームアプローチが必要とされ、障害者ケアマネジメントの導入が図られる。

相談窓口においては、利用者がケアマネジメントを希望しているのか確認するとともに、ケアマネジメント従事者を選択できるようにする。

相談窓口は、障害種別毎に相談事業を実施している場合、障害種別毎に対応することもやむを得ないが、障害種別にこだわらず、身体障害者（児）、知的障害者（児）、精神障害者等に幅広く対応する。

相談窓口が十分に活用されるためには、利用者が相談窓口を選択できたり、日頃から相談窓口におけるサービス内容の広報を行い、相談の場所や時間帯等利用者の利便性を考慮するとともに、関連機関との密接な連絡体制を整備強化し、各機関からの紹介や依頼を受けた場合には、利用者（必要に応じて家族又は本人が信頼する人）の了解を得て訪問するなど、柔軟で積極的な対応が必要である。

7 障害者ケアマネジメントの過程

障害者ケアマネジメントはいくつもの過程を経て行われる。障害者ケアマネジメントの大きな意義は、これらの過程を順序立てて進むことにある。障害者ケアマネジメントの導入にあたっては、地域の社会資源やケアマネジメント等に関して情報を提供し、障害者の主体性や自己決定を尊重することが重要である。障害者ケアマネジメント過程を図式化すると図の通りである。

（1）ケアマネジメントの希望の確認

複数のサービスを総合的かつ継続的に提供する必要があると判断された段階で、ケアマネジメントを希望するか否かを確認する。その際、利用者に障害者ケアマネジメントはどのような支援を行うのか十分に説明しなければならない。また、ケアマネジメントをいつでも中断できることを理解してもらう必要がある。同時に、ケアマネジメントの導入を判断するために、緊急

図 障害者ケアマネジメント過程の概略図

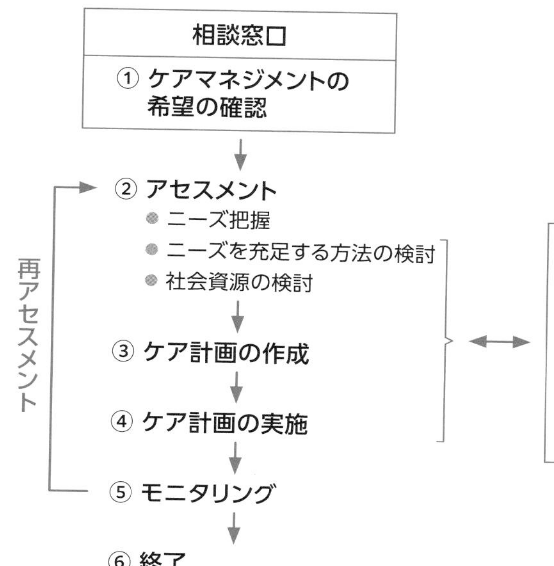

性の有無、抱えている課題が単一か複数か、抱えている課題が明確になっているか、情報提供によって自分でケア計画を作成できるか等の観点を考慮する。

さらに、コミュニケーションに制限をもつ障害者にとっては、相談場面で自分の意志を伝えられない場合があり、コミュニケーションの保障が重要となる。聴覚障害者本人の希望により手話通訳者（士）を配置する必要もある。また、家族や本人の信頼できる人を同席させることも考慮する。

ここでは、利用者の概要と主訴をしっかり把握するとともに、一次アセスメントに入るために、家庭訪問の目的を整理する。

（2）アセスメント

ケアマネジメントの希望の有無を確認した後、生活ニーズを把握するとともにニーズを充足する方法や社会資源の検討を行うアセスメントを実施する。アセスメントでは、ケア計画を作成するために、利用者の生活の状況や置かれている環境の状況を理解し、要望や主訴から具体的な生活ニーズを探すことが重要である。アセスメントは、障害者ケアマネジメント従事者による一次アセスメント、専門家による二次アセスメント、障害者ケアマネジメント従事者による社会資源のアセスメントから成る。

一次アセスメントは、障害者ケアマネジメント従事者が行い、家庭訪問の目的を理解してもらい、そこで何を明らかにするかを整理しておく。必要に応じて、専門家といっしょに家庭訪問することも考慮する。一次アセスメントでは、利用者の一日の生活の流れと地域や住まい等の生活環境を把握するとともに、利用者の要望を引き出す。さらに、利用者や家族が望んでいる暮らしを明らかにする。

二次アセスメントは、専門家によるアセスメントで、障害者ケアマネジメント従事者の依頼によって実施する。障害者ケアマネジメント従事者は、利用者の了解を得て、相談受付票や一次アセスメント票の情報を共有し、課題解決に有効な専門家を選ぶ。二次アセスメントに関わった専門家は、その結果をまとめて報告書を作成し、障害者ケアマネジメント従事者に提出するとともに、ケア会議で報告する。必ずしも二次アセスメントを必要としない利用者もいるのですべての障害者に対して、二次アセスメントをしなければならないと考える必要はない。

障害者ケアマネジメント従事者は、相談受付票、一次アセスメント票、二次アセスメント票でわかったことを生活ニーズに整理する。

利用者の生活ニーズの整理が終わったら、それらのニーズを解決すると思われる社会資源を検討する。障害者ケアマネジメント従事者は、地域の社会資源について、障害別、生活ニーズ別のリストを作成する。社会資源の検討は、利用者のニーズに合った社会資源かどうか、その社会資源は利用できる可能性はあるか、利用は容易か等の観点から行う。もし、利用者に合った社会資源ではないと判断したら、その改善の可能性まで把握する。

相談受付票、一次アセスメント票、二次アセスメント票、社会資源の検討の結果を踏まえて、次のケア計画作成の段階に入る。

（3）ケア計画の作成

ケア計画案の作成は、障害者ケアマネジメント従事者が、利用者とともに、おおまかなケア計画の作成から始める。その際、援助する生活ニーズについてそれぞれ目標を立て、優先順位をつけてみる。さらに、社会資源のアセスメントを踏まえ、具体的な援助方法をリストアップする。

これらに基づき、ケア計画を利用者と話し合いのうえ作成する。作成されたケア計画は最終的に利用者（必要に応じて家族又は利用者が信頼する人）の同意を得る。この場合、ケアマネジメント従事者は、利用者（必要に応じて家族又は利用者が信頼する人）と協働する人（医療関係者、福祉サービス関係者、教育関係者等）から構成されるケア計画作成会議を開催し、利用者の同意を得て情報を共有しケア計画を作成する。その際、現実的なケア計画を作成するためには、公的サービスとの調整を図る必要があること等から、市町村担当職員も当該会議に参加することが求められる。

ケア計画作成会議において決定した計画内容については再度利用者の同意を得る。障害者ケアマネジメント従事者は、ケア会議における会議録をまとめて、利用者や会議参加者に配布する。この会議録は、モニタリングや再アセスメントを行うときに、貴重な資料として活用する。

（4）ケア計画の実施

ケア会議において決定された計画を実施する前に、サービス調整をする必要がある。このサービス調整では、利用者のニーズを理解したうえで、エンパワメントの視点によるサービスが提供されるように働きかける。障害者ケアマネジメント従事者は、サービス提供者に、ケア計画に基づく個別援助計画の作成を求める。サービス提供者が、利用者の家庭を訪問したいと望んでいれば、利用者との相談のうえ、家庭訪問をして詳細な個別援助計画の作成にあたれるよう考慮する。このような過程を経ると、適切なサービス提供が図れることになる。サービス調整の段階で、ケア計画の修正が生じた場合、障害者ケアマネジメント従事者は、利用者や関係者にその旨を連絡し、了解をとる。

（5）モニタリング

モニタリングは、障害者ケアマネジメント従事者が、ケア計画に基づいてサービスが計画どおり実施されているかどうかを確認する。確認の内容は、新たなニーズが生じていないか、計画どおりのスケジュールでサービスが提供されているか、サービスの内容が質的に低下していないか、利用者が満足してサービスを受けているか等の観点から実施する。このモニタリングにおいて、障害者ケアマネジメント従事者の調整の不備や、サービス提供者が利用者のニーズを誤解する等、ケアマネジメントを進めるうえで微調整しなければならないことを発見することになる。

モニタリングにおいて、利用者から新たなニーズが出てきた際は、再度ニーズ把握を行い、ケア計画を修正する必要があるときは、再アセスメントとなる。再アセスメントを行うとき、ケア計画を決定したケア会議の会議録を見直し、検討を加えたニーズかどうか、また、ケア会議において見落としたニーズかを調べておく。再アセスメントは、障害者ケアマネジメント過程のニーズ把握に戻ることになる。

（6）ケアマネジメントの終了

利用者がケアマネジメントを希望しなくなったとき、新たなケア計画が必要ないと判断されたとき、ケアマネジメントは終了する。病院・社会福祉施設等に入院あるいは入所した場合、ケアマネジメントはいったん終了する。しかし、退院・退所後を考慮してケアを継続できる体制を準備しておく必要がある。

また、障害者ケアマネジメントにおいては、社会資源の改善や開発も、重要な要素である。したがって、障害者ケアマネジメントは、個別事例を通して地域の社会資源の開発や地域ネットワークの構築を図っていく過程でもある。

8　障害者ケアマネジメントの実施体制

（1）障害者ケアマネジメントの実施主体等

障害者ケアマネジメントは、障害者の地域生活を支援する観点から、あらゆる相談支援において用いられるべき援助方法であり、全国どこにおいても障害者が安心して障害者ケアマネジメントを活用した相談支援を受けられることが重要である。

そこで、障害者ケアマネジメントを全国的に普及させるために、特に以下のような実施主体等において障害者ケアマネジメントを実施または活用する。

障害者ケアマネジメントの実施主体は第一義的には市町村であり、市町村が自ら実施するか、あるいは都道府県及び市町村が委託している市町村障害者生活支援事業、障害児（者）地域療育等支援事業及び精神障害者地域生活支援センターにおける相談支援において、障害者ケアマネジメントを実施する。

また、障害者ケアマネジメントは、都道府県が設置する福祉事務所、身体障害者更生相談所、知的障害者更生相談所、保健所及び精神保健福祉センター等における相談業務においても、障害者ケアマネジメントを活用すべきである。

（2）障害者ケアマネジメント従事者の役割

障害者ケアマネジメント従事者は、ケアマネジメントの全過程に携わり、中心的な役割を担う。障害者ケアマネジメント従事者と利用者との関係は対等な関係であり、ある利用者はケア計画作成だけを希望したり、サービス調整だけを希望することもあるので、利用者への支援にあたっては、個々の利用者の希望に合わせた支援が求められる。また、利用者が自らサービス調整やケア計画作成ができるよう支援することも重要である。さらに、障害者ケアマネジメントは、総合的かつ継続的なサービスの提供を確保するため、利用者のニーズに応じて、様々なフォーマル、あるいはインフォーマルな支援者によるチームワークの取れた支援ネットワークによって進められる。同じ体験をした者が相談・支援にあたることが効果的であるとの視点に立って、身体障害者相談員等の障害者相談員がサービスやケアマネジメントに関する情報を提供したり、支援ネットワークに参加し、支援・助言することも有効である。

したがって、障害者ケアマネジメント従事者は多くの関係諸機関と連携しながら、利用者の自己決定を尊重しつつ、責任をもって次の役割を担う。

- 相談窓口の運営
- アセスメントの実施
- 必要に応じて専門的なアセスメントの依頼
- ケア会議の運営・開催
- ケア目標の設定とケア計画の作成
- 公的サービスに関する市町村との連絡・調整
- サービス提供機関との連絡・調整
- モニタリング及び再アセスメント
- ケアマネジメントの評価
- ケアマネジメント終了の判断
- 社会資源の改善及び開発
- 支援ネットワークの形成

（3）障害者ケアマネジメント従事者に求められる資質

障害者ケアマネジメントの全過程に携わる障害者ケアマネジメント従事者には、社会福祉援助技術などの各種援助技術を機能的に統合したソーシャルワークの実践に努める必要があることから、次のような資質が求められる。

❶ 信頼関係を形成する力

障害者ケアマネジメントにおいて、障害者ケアマネジメント従事者に信頼関係を形成する力が求められる。障害者ケアマネジメント従事者は、相談を受けてから次の段階に進めないとか、訪問を拒否される等障害者からパートナーとして認められない事態にならないように、特に初期の段階から信頼関係を形成することが求められる。そのため、障害者ケアマネジメント従事者は利用者の立場に立つことが必要である。また、障害者ケアマネジメント従事者は、多くの人々とチームワークを組むことになるので、利用者のプライバシーの保護、人権の尊重に配慮する必要がある。

❷ 専門的面接技術

障害者ケアマネジメント従事者は、相談をとおして、利用者の生活全体を理解する。したがって、利用者を一人の生活者として理解し、相互の十分な意思疎通を図ることによって、利用者のニーズをともに明らかにしていく。これらの過程において、障害者ケアマネジメント従事者は、利用者の感情表現を敏感に受けとめ、利用者の価値観を受容し、従事者自身の感情を覚知しながら、利用者の自己決定を促すような専門的面接技術の力を伸ばすことが大切である。

❸ ニーズを探し出すアセスメント力

障害者ケアマネジメント従事者は、利用者とともにニーズを探し出すアセスメント力を求められる。情報収集の過程を経て、ニーズを明確にしていく観点を理解することが大切である。さらに、ニーズの背景となっている要因を分析する。この際、利用者のできないことに着目するだけでなく、利用者のプラスの力を引き出すことにも着目してニーズを探す視点が必要である。

❹ サービスの知識や体験的理解力

障害者ケアマネジメント従事者は、利用者と社会資源の間に立って、複数のサービスを適切に結びつけ調整を図り総合的かつ継続的なサービスの提供を確保する。そのためには、地域にある様々な公的サービスやインフォーマル・サポートが、どこにあり、どのようなサービス内容で、どのように利用するかを知る必要がある。さらに、障害者ケアマネジメント従事者は、利用者がこれらの社会資源を利用しやすくするために、体験的に理解する力が求められる。

❺ 社会資源の改善及び開発に取り組む姿勢

障害者ケアマネジメント従事者は、利用者のニーズに合致したサービスを提供するため、サービス提供者や行政の窓口等に社会資源の改善等を働きかけることが求められる。また、利用者のニーズを充足するための社会資源が不足している場合においても、利用者の立場に立って、社会資源の開発のためにサービス提供者や行政等に提言し、協力して取り組む。

❻ 支援ネットワークの形成力

障害者ケアマネジメント従事者は、利用者の地域生活を個別的に支援する。障害者ケアマネジメントで個別性をとおして、利用者のニーズを充足させるサービスを総合的・一体的に提供する。これらのサービス提供は、公的サービスやインフォーマル・サポート等を組み合わせた、様々な支援者のチームワークによって実施される。したがって、利用者のための支援ネットワークを形成し、利用者が満足を得られるように調整される。障害者ケアマネジメント従事者は、サービス提供者に情報を提供したり、学習の場を提供することによって、支援ネットワークを作り、障害者ケアマネジメントを効果的に進める。

❼ チームアプローチを展開する力

障害者ケアマネジメントの各過程においては、多くの関係者とチームを組むが、チームワークの原則はチームを組む一人ひとりが対等な関係のもとに、必要に応じてケア会議を開催するなどにより、チーム内の合意形成や役割調整等が的確に確保されていることが必要である。

（4）障害者ケアマネジメント従事者の資質の確保

障害者ケアマネジメント従事者は、障害者の地域生活を支援する者として、上記のような資質を求められることから、障害分野に関する相談等の業務について相当程度の実務経験を有するか、または社会福祉士、精神保健福祉士、介護福祉士、作業療法士、理学療法士、保健師、看護師等の一定水準以上の専門的知識や技能を有する者について、都道府県及び指定都市（以下「都道府県等」という）が実施する障害者ケアマネジメント従事者養成研修を受講することによって、資質の向上に努めるべきである。

そのため、都道府県等が実施する障害者ケアマネジメント従事者養成研修は、国が実施する障害者ケアマネジメント従事者養成指導者研修に準じた内容とし、障害者を講師や助言者とするなど障害者の視点を組み入れることとする。

（5）都道府県及び市町村の役割

❶ 都道府県等の役割

都道府県等は、国が実施する障害者ケアマネジメント従事者養成指導者研修に障害者ケアマネジメントの実施について熱意をもち継続的に関われる者を推薦するとともに、国が実施する研修の修了者を中心として障害者ケアマネジメント従事者養成研修を開催する。障害者ケアマネジメント従事者養成指導者研修の受講者を推薦するに当たっては、身体障害者更生相談所・知的障害者更生相談所・精神保健福祉センター・保健所等の職員及び障害者分野に関する相談等の業務に相当程度の実務経験を有する障害者を優先的に推薦することが望ましい。

都道府県は、身体障害者更生相談所、知的障害者更生相談所、精神保健福祉センター、保健所等を通じて、市町村等の障害者ケアマネジメントに対して指導・助言を行い、障害者ケアマネジメントの普及に努める。

また、都道府県等は、障害者ケアマネジメントの充実を図る観点から、障害者ケアマネジメント従事者の継続研修を実施することが望ましい。

都道府県等は、医療機関、保健所、職業安定所、地域障害者職業センター、養護・盲・聾学校等の関係諸機関との連携を図るために原則として障害保健福祉圏域等毎に連絡調整会議を主宰し、障害者ケアマネジメントが円滑かつ効果的に実施できるよう努める。

平成８年度より実施されている障害者プランによって、介護等のサービスの量的・質的整備が図られているところであるが、都道府県等は、障害保健福祉圏域等を考慮し、サービスの質的・量的整備を一層推進する必要があり、各障害保健福祉圏域等が同水準として機能するような指導性が求められる。

また、障害者ケアマネジメントが実施されることにより、潜在的なニーズが顕在化すること等により、都道府県はそれをもとに市町村と連携して地域福祉計画、都道府県障害者計画等に反映させ、障害者の地域生活の支援に積極的に取り組むよう努める。また、都道府県は、市町村障害者計画の策定においても積極的に支援する。

都道府県等は、地域で生活する、あるいは生活しようとする障害者に対して障害者ケアマネジメントを実施する機関や福祉サービス等の情報提供を図る。

❷ 市町村の役割

市町村は、障害者ケアマネジメントの第一義的な実施主体であり、自ら障害者ケアマネジメントを実施するか、あるいは委託している市町村障害者生活支援事業、障害児（者）地域療育等支援事業、精神障害者地域生活支援センターにおける相談支援を通して、障害者ケアマネジメントを実施する。

市町村は、都道府県等が実施する障害者ケアマネジメント従事者養成研修に障害者ケアマネジメントの実施について熱意をもち継続的に関われる者を派遣し、計画的に障害者ケアマネジメント従事者を確保するとともに資質の向上に努めなければならない。

市町村は、障害者の地域生活を支援するため、障害者ケアマネジメントを通じて明らかになった社会資源の実情を考慮し、適宜、市町村障害者計画に反映させ、公的サービスの充実を図るよう努めるとともに、障害者ケアマネジメント従事者と連携し、地域のインフォーマル・サポートに対する支援を行う。

（6）関係諸機関との連携

利用者が必要とするサービスは多種多様であり、また、そのサービス提供機関は福祉、保健、医療、教育、就労等さまざまであることから、障害者ケアマネジメント従事者は、それらの諸機関と緊密に連携する必要がある。障害者施設及び病院等から地域生活へ移行しようとする障害者のために、障害者施設及び病院等との緊密な連携が重要である。したがって、ケアマネジメントを有効に機能させるためには、都道府県等が主宰する連絡調整会議を活用して、利用者のための支援ネットワーク作りに努めることが大切であり、そのために各関係諸機関の専門職、ボランティア、障害者団体等によるチームワークが必要である。

9　各種様式

障害者ケアマネジメントの過程において使用する各種様式については、相談受付票、一次アセスメント票、二次アセスメント票、ケア計画（検討）表、週間ケア計画表が必要になる。これらの各種様式は、障害種別のケアガイドラインの中に示されているが様式1・2・3は以下の項目が最低限網羅されている必要がある。なお、様式4・5については、以下の様式を参考とする。

<様式1>　相談受付票

1）相談日
2）受付No.
3）利用者氏名
4）生年月日
5）現住所
6）現住所の電話番号
7）家族状況
8）相談内容
9）現在利用しているサービス
10）相談面接結果
11）相談者名等

<様式2>　一次アセスメント票

1）氏名
2）訪問年月日
3）訪問者名・所属名
4）本人の概要
- 生活歴
- 病歴・障害歴
- 医療機関利用状況

5）現在の生活状況の概要
6）利用者の状況
- 生活基盤に関する領域
- 健康・身体に関する領域
- コミュニケーション・スキルに関する領域
- 社会生活技能に関する領域
- 社会参加に関する領域
- 教育・就労に関する領域
- 家族支援に関する領域

7）本人の要望・希望するくらし
8）家族の要望・希望するくらし
9）関係職種から得た情報

<様式3>　二次アセスメント票

1）利用者氏名
2）専門職氏名
3）専門職所属
4）現状・ニーズの阻害要因
5）改善内容・改善手段
6）訪問者所見・その他の情報
7）添付資料等

<様式4><様式5>　―略―

あとがき

私の障がい者支援の始まりは、精神障がいのある方の看護です。病棟で「なぜ?」と感じることがたくさんありました。そして地域移行支援や緊急時の早期介入、地域生活を見据えた看護をしてきました。そのなかで、やっぱり私のフィールドは地域だと実感し、地域に出たのが、20年前。障害者ケアマネジメントが始まったころです。当時、「ご本人の夢を応援する」という意識が薄かった私は、故・野中 猛先生の事例検討会で目から鱗の体験をしました。事例検討会を経て、提出した事例の本人の夢をあらためて聴き、ともに夢に向かう支援を展開した結果、その方がみるみるうちに変わられたのです。これがケアマネジメントとの真の出会いだったと思っています。地域づくりを意識できたのは、今回ご一緒させていただいている島村 聡先生との出会いです。沖縄まで行っていろいろな地域資源や地域づくりに携わっている人々と出会わせていただきました。私にとっては人との出会いが財産です。

今回、『障がい者ケアマネジメントの基本 ── 差がつく相談支援専門員の仕事33のルール』(2015年) の続編として、この本を執筆させていただきながら、自分のこれまでの支援についても振り返りました。やっぱり大切なことは、「本人の思いを聴くこと」「本人に寄り添うこと」「一緒に夢を語ること (本人とも仲間とも)」だと再確認しました。この本を手に取ってくださったみなさまが、人との出会いを大切に新たな一歩を踏み出していただけるとうれしいです。そして、ちょっと行き詰ったときに手にしていただき、元気を取り戻していただけるといいなと思います。

いつかどこかで、この本をきっかけにみなさまとお会いして語り合えますように。

東 美奈子

ご縁のあった女の子がとてもかわいい似顔絵を描いてくれました。うれしくなってぜひに、とあとがきに入れてもらいました。彼女のこれからを応援したいと思っています。

あとがき

最初に職業としての「相談」を意識するようになったのは療育の現場で、日々お会いするお母さんたちとのやり取りでした。当時はまだ20代。文字どおり右往左往の毎日でした。1990年頃から「療育支援事業」が全国で展開されるようなり、それを通して地域の障がいのある方々にかかわっているうちに「障害者ケアマネジャー」「障がい者ケアマネジメント従事者」「相談支援従事者」等の言葉が現れ、自分たちのしていることがそれらの言葉で説明されるようになりました。

近年になり「主任相談支援専門員」も登場しましたが、時代は変わろうとも現場の仲間といつも確認していたことは「本人主体」でした。そこには過去（といってもそんなに前ではない）、支援現場が障がいのある本人たちの意向を第一にしてこなかった強い反省がありました。2002年に発表された「障害者ケアガイドライン」は、そんな功罪織り交ぜた、簡単には語ることができない日本の障がいのある方たちとその支援の歴史を背景に、力強く誕生した印象があります。

本人の傍らに立ち、その本人が見ている先を一緒に見て応援しようとする。ただそれだけのはずなのに、いつまで経っても難しいものだと思います。障がいのある方に限らず、ケアマネジメントや何らかの支援を実現するためにはさまざまなスキルが必要です。しかも、そのスキルとは“一般”や“制度”に合わせたものではなく、「対象」に合わせたものです。たくさんあるスキルのなかでも、実はそんなことを仲間と語り合えるスキルこそが最も大切なのかもしれません。

この本を1つの材料に、あーでもない、こーでもない、と語り合う場ができるといいなと思います。そして、いつか自分も、そのお仲間に入れていただけるとうれしいなと思っています。

大久保 薫

あとがき

私の支援の原点の1つに、昭和の時代の障害者運動があります。行政に訴えて作業所を確保するとか、車いすでも乗れるような移動手段を求める、バリアフリーの住宅建設を要求するといったものです。当時、福祉系大学を出て駆け出しの行政マンだった私は、幅広いパワーがありながら縦割りの行政組織をこうした要請に応えられる柔軟な組織にするにはどうするかを考えていました。

市内の全障がい者を対象としたアンケート調査をしたうえ、当事者の人たちに集まってもらい、福祉だけでなく教育、建設部門の課長との懇談を設けて、意見を交換しました。これをきっかけに、公園の管理棟を障害者の作業所にしたり、市営住宅にグループホームを入れたり、リフト付きの車を寄付していただいて運行事業を始めたりと取り組んでいきました。冷や汗をかきながらですが(笑)。

ケアマネジメントとの出会いはそれらと並行していました。国のモデル事業を受け、社会福祉士の仲間と市内の重度の障がい者のいる家庭を訪問してケア計画を作成していくなかでアセスメントの難しさを、計画を作っても対応する資源があまりにないことを実感しながら、あきらめずに上記のような地域の関係づくりや資源づくりを行っていきました。

「障害者ケアガイドライン」の策定にかかわってみて、7つの資質がまさにこれらの経験や実感と重なったことを今でも覚えています。国の研修に招かれたときに全国の相談支援者が同じところで悩み、その課題をどうするかで議論をしていることに安堵したのもいい思い出です。

「障がいのある方を支援することは楽しい」と思っていただける仲間をもっと増やしたい、という思いでこの本に取り組みました。

ご笑読、ニフェーデービル（ありがとうございました）!!

島村 聡

著者略歴

東 美奈子（あずま・みなこ）　▶Part 1：ケース1・ケース5・ケース7・ケース9

特定非営利活動法人sapyuie理事長、特定非営利活動法人野中ケアマネジメント研究会理事、日本相談支援専門員協会理事、日本精神科看護協会副会長、島根県相談支援アドバイザー、保健師、精神科認定看護師、主任相談支援専門員
総合病院の勤務を経て、1992年より精神科病院（病棟・訪問看護室）で勤務、2002年より地域生活支援センター勤務。2007年より社会福祉法人ふあっとにて相談支援専門員。精神科病院での勤務経験をもとに医療と福祉の協働による地域移行支援にかかわる。2015年在宅支援の拠点として株式会社RETICE設立。2004年に地域密着型資源として「周南精神障がい者の地域生活を支える会ふくふく」設立、代表を務め、現在は特定非営利活動法人sapyuieとして、当事者との協働モデルとして活動中。"医療と地域をつなぐ"をテーマに精神科看護師や相談支援専門員の人材育成にかかわっている。共著に『障害者相談支援従事者研修テキスト　主任研修編』（日本相談支援専門員協会）、『多職種連携の技術』、『障がい者ケアマネジメントの基本』（以上、中央法規出版）がある。

大久保 薫（おおくぼ・かおる）　▶Part 1：ケース2・ケース4・ケース6

札幌学院大学特別任用教授、社会福祉法人あむ理事、特定非営利活動法人野中ケアマネジメント研究会代表、社会福祉士、精神保健福祉士、主任相談支援専門員
1979年日本福祉大学社会福祉学部卒業。障害乳幼児療育機関、重症心障害児施設勤務を経てパーソナルサービス起業。2001年より札幌市障がい者相談支援事業、2013年より札幌市基幹相談支援センター長、2020年より現職。北海道自立支援協議会、人材育成のためのNPO法人等で北海道内の人材育成に携わっている。共著に『三訂障害者相談支援従事者初任者研修テキスト』、『多職種連携の技術』、『障がい者ケアマネジメントの基本』（以上、中央法規出版）がある。

島村 聡（しまむら・さとる）　▶はじめに、本書の使い方、Part 1：ケース3・ケース8、Part 2

沖縄大学教授、地域研究所長、社会福祉士
市役所での福祉実務経験（障がい者全般、健康福祉計画策定、地域包括支援センターの立ち上げ、地域福祉計画策定、ホームレス支援、生活困窮者対策）の後、2013年から沖縄大学にて障害者自立支援制度やソーシャル・インクルージョンに関する講義を担当。学外では相談支援専門員や介護支援専門員、パーソナルサポーターなど、主に専門職の教育支援を行うほか、おきなわふくしオンブズマンとして障がい者の権利擁護活動を続けている。共著に、『障害者相談支援従事者研修テキスト　主任研修編』（日本相談支援専門員協会）、『障がい者ケアマネジメントの基本』、『障害者相談支援従事者研修テキスト　初任者研修編』、『障害者相談支援従事者研修テキスト　現任研修編』（以上、中央法規出版）がある。

読者アンケートのお願い
本書へのご感想やご意見、ご要望を
ぜひお聞かせください。
右のQRコードよりご回答いただけます。

実践！ 障がい者ケアマネジメント
相談支援専門員に大切な7つのスキルを磨く

2022年8月5日　　発行

著　者　東 美奈子・大久保 薫・島村 聡
発行者　荘村明彦
発行所　中央法規出版株式会社
〒110-0016　東京都台東区台東3-29-1　中央法規ビル
TEL 03-6387-3196
https://www.chuohoki.co.jp/

ブックデザイン・DTP　永瀬優子（ごぼうデザイン事務所）
イラスト　大野文彰
印刷・製本　日経印刷株式会社

ISBN978-4-8058-8750-9
定価はカバーに表示してあります。
落丁本・乱丁本はお取り替えいたします。

本書の内容に関するご質問については、下記URLから「お問い合わせフォーム」にご入力いただきますようお願いいたします。
https://www.chuohoki.co.jp/contact/